老师，请开启校园安全模式

周新 著

中国人民大学出版社
·北京·

图书在版编目（CIP）数据

老师，请开启校园安全模式 / 周新著. — 北京：中国人民大学出版社，2018.8

ISBN 978 - 7 - 300 - 26072 - 3

Ⅰ. ①老… Ⅱ. ①周… Ⅲ. ① 学校管理 — 安全管理 Ⅳ. ① G474

中国版本图书馆CIP数据核字（2018）第187012号

老师，请开启校园安全模式

周新　著

Laoshi，Qing Kaiqi Xiaoyuan Anquan Moshi

出版发行	中国人民大学出版社		
社　　址	北京中关村大街31号	邮政编码	100080
电　　话	010 - 62511242（总编室）		010 - 62511770（质管部）
	010 - 82501766（邮购部）		010 - 62514148（门市部）
	010 - 62515195（发行公司）		010 - 62515275（盗版举报）
网　　址	http://www.crup.com.cn		
	http://www.ttrnet.com（人大教研网）		
经　　销	新华书店		
印　　刷	北京东君印刷有限公司		
开　　本	168 mm × 239 mm　16开本	版　　次	2018 年 8 月第 1 版
印　　张	16　插页1	印　　次	2018 年 8 月第 1 次印刷
字　　数	230 000	定　　价	49.80 元

CONTENTS 目 录

安全模式Ⅱ：
建好班级安全屋——优化班级安全管理措施的15个策略

安全模式Ⅲ：
给学生戴上安全帽——夯实学生安全教育的19个策略

前言

Preface

校园安全不仅是悬在教师头上的头等大事，也是各级政府极为关注的民生工程。

综观各类安全事故，可以发现，管理不到位、教育不到位，是安全事故频发的主要原因。只要我们教育到位、管理到位，绝大多数校园安全事故都是可以避免的。

为此，教师必须开启校园安全模式。

安全模式Ⅰ：栽好校园安全树，强化学校层面的安全管理。包括建立健全科学合理的安全管理制度，细化安全责任，让每个岗位都有安全责任人；加强门房保安巡逻值班管理，加强行政人员值班和教师值日管理，保证无缺岗现象；加强住读生宿舍管理，安排专职的宿舍管理员，做到每晚都有专人在宿舍值班室值班；定期排查校园安全隐患，一旦发现异常情况，立即整改到位；加强对学校教职工的教育，杜绝体罚和变相体罚；等等。

安全模式Ⅱ：建好班级安全屋，强化班级层面的安全管理。包括增强法律意识，保护学生的隐私；呵护留守儿童，关爱特异体质的学生；提高学生的安全警惕性，做好班级安全预警工作；时刻绷紧安全之弦，克服侥幸心理；等等。

安全模式Ⅲ：给学生戴上安全帽，强化对学生的安全教育，积累安全知识，提升他们抵御校园安全风险的能力。包括对学生进行心理健康教育、防止意外伤害教育、防止挤压踩踏教育；开展预防食品中毒教育、防治流行病教育、防止网络伤害教育等；帮助学生掌握游泳安全知识和技能，了解青春期生理、心理常识，牢记交通安全知识；等等。

安全模式Ⅳ：为教师系好安全带，增强教师的自我保护意识，确保在学生管理工作中不出现教师伤害事故。包括通过控制个人情绪来减少师生矛盾、通过寻求领导支持来挽回针对教师的舆论伤害、通过撰写教育手记来规避家长的无端责难，等等。

安全模式Ⅴ：给事故加道安全门，规范学生伤害事故的善后措施，化解矛盾，安抚伤者，妥善处理校园安全事故。包括用积极真诚的态度化解家长的不满，用良好的家校互动取得家长的谅解；警、校、家三方联动，提高工作效率，迅速找回离校（家）出走的学生；规范事故善后处理程序，把事故损失降到最低；向保险公司投保，化解校园安全事故的经济难题；等等。

安全模式Ⅵ：借鉴别人的安全经，借鉴其他国家和地区的校园安全管理经验，拓展视野，取长补短，完善自我。包括美国：对校园暴力实行“不宽容原则”；英国：建立三级应急机制；俄罗斯：校园安全拨款 6 年增加 13 倍；韩国：划定儿童保护区域；德国：在公交车里上安全课；芬兰：虚拟社区警务组为学生的上网安全护航；中国香港地区：性安全教育从老师开始；等等。

前五个安全模式提供了 64 个安全策略，每个安全策略由以下三部分构成。

第一部分，安全囧境。简述学生管理工作中的安全困境。

第二部分，典型案例。选取笔者亲身经历或媒体报道过的典型案例，分析事故原因，探究规避措施。

第三部分，安全密码。针对安全困境，根据案例分析，提出规避思路，指明努力方向，明确工作重点。

第六个模式是借他山之石以攻玉。借鉴其他国家和地区的经验，以期启发灵感，创新思维，开启安全工作新思路。

栽好校园安全树
——强化学校安全管理的15个策略

安全模式

I

几百几千人生活在一个狭窄的校园空间里，学生人数多、活动多，矛盾纠纷多，安全隐患多，作为校园管理者，我们该如何应对呢？

请开启第一种校园安全模式——栽好校园安全树。即通过消除制度隐患、落实安全管理职责、及时清除安全蚁穴、设置校园警务室、严管校园欺凌等策略，浇水施肥，疏枝剪叶，培植出一棵能为学生遮风挡雨、抵御各类安全风险的大树。

1. 消除制度隐患

一、安全囹境：校园管理存在安全漏洞

学校也好，班级也好，为了实现有效的教育、教学管理，均会制定必要的校规校纪、班规班纪。

但由于考虑不周，我们的管理措施、规章制度可能存在安全隐患，甚至会导致学生安全事故发生。

比如，某小学规定，学生就餐后，轮流清洗蒸饭用的盒子，导致二年级学生杨某跌进铁锅中，被开水烫伤。

二、典型案例

放学不查校牌，住读学生溜出校园受伤

某校初、高中有3500多名学生，其中住读生2000多名，走读生1500多名。学校考虑到午休放学时出校门的人很多，一个一个查校牌不仅容易造成校门拥堵，而且实际效果也不佳，很多出校门的学生并没有接受严格检查。于是，学校决定改变原来进出校门都查校牌的管理制度，只在学生进校门时查校牌，以防非本校学生进入，放学出校门时则不再查验校牌。

2009年4月17日午休放学时，高二住读生黄某、程某混在走读生中出了学校，来到学校附近的网吧上网，下午未到学校上课。下午第二节课时，老师给家长打电话，告诉家长学生下午未上课，请家长速来学校和老师一起去找。晚上7点半左右，学校接到派出所电话，说黄某、程某在网

吧被打伤住院，请学校派人到派出所协助处理。

原来，黄某、程某因未带够钱，离开网吧时每人被网吧老板打了一巴掌，二人反击，结果黄某门牙被打掉一颗、脸部被打肿，程某左腿被打断。

事后，学校和网吧承担了两个学生的全部医疗费用，共计 3.9 万元，学校承担 40%。

这是一起由制度隐患导致的学生伤害事故。

午休放学时不查校牌存在明显隐患。本来，午休放学时只允许走读生出校，不查校牌则为住读生出校大开方便之门。学校存在午休放学时不查校牌的过错，造成住读生离校受到伤害，结果学校承担了部分责任。

另外，午休时，寝室管理员未及时查寝，未及时发现住读生不假外出；下午第一节课上课的老师未及时报告两名住读生的旷课行为，延误了老师、家长的找寻时机，导致两名学生在网吧长时间逗留，酿成严重后果。

三、安全密码：消除制度隐患

消除制度隐患，应从三个方面着手。

1. 优化管理制度的制定机制

要消除制度隐患，首先要做的是优化制度出台的过程。

①综合考虑与一项制度相关的诸多因素，比如缘由、目的、学校的客观条件、学生的实际情况、制度的内涵和外延等。

②规范制度出台的程序，一项制度的出台应经过拟写初稿、部门讨论、领导审核、征求教职工的意见（必要时还要征求学生的意见）、形成定案和付诸实施等步骤。

2. 完善安全制度的修改机制

一项管理制度出台后，无论事先考虑得多么周到，执行中总是会遇到这样或那样的问题。这就要求及时修改制度。

3. 完善相关设施设备的安全性能

比如，住读、走读混合的学校，中午放学时，大量学生要出校门。为防止住读生违规出校门，学校往往要安排大量人手清点、比对学生证（或校牌）。然而，清点难度大，管理效果不好。在这种情况下，学校应该完善设施设备。比如，可以利用“校讯通”短信平台，让学生进出校门时在电子感应装置上验明身份，区分住读、走读，以短信方式发送到家长的手机和学校的电脑平台上。这样，违规出校门的住读生很容易就能被识别出来。

2. 落实安全管理职责

一、安全囧境：教师不清楚自己该承担哪种安全责任

在学校安全管理工作中，有的教师不太清楚自己的安全责任。比如，有的教师轻视学生请假后的销假制度，致使学生的不安全行为未被及时制止；有的班主任组织春游活动，未向学校申报，未经学校允许，致使学生遭遇蛇咬而得不到及时救治；有的班主任认为教室的设施设备安全应由总务处负责，没自己什么事；等等。

如果不及时纠正这些模糊认识，后果会很严重。

二、典型案例

教师脱岗期间，学生用小石子打伤同学的眼睛

2012 年 11 月 2 日上午第三节课，泰安师范附属学校某体育老师带领学生完成课堂教学任务后，宣布自由活动。随后体育老师离开活动现场。学生无人看管，自由自在，无拘无束，疯玩起来。混乱中，学生毛某开始扔小石子玩，一不小心，一个小石子打中了同学壮壮的右眼球，壮壮满眼是血，大声哭喊起来。其他学生这才停止疯玩，有的去找体育老师，有的搀着壮壮往学校医务室送，但不巧的是，学校医务室里空无一人。

好不容易找到了体育老师，体育老师却把这事推给班主任处理。班主任对受伤的壮壮进行一番安抚后，让孩子们带壮壮去医务室找校医。

好不容易找到校医后，校医发现，壮壮伤得非常重，于是马上打电话

通知家长，并拨打了120将壮壮送往医院。

经过一周的治疗，壮壮的眼压一直降不下来，他经常因疼痛陷入昏迷。心急如焚的父母便把壮壮送到北京治疗。经专家确诊，壮壮的眼睛虹膜根部断裂，瞳孔散大，无法治愈，往后他只能整天戴墨镜，不能参加体育运动，稍不注意右眼便会失明……

这是一起由多个岗位的多名教师和工作人员未能很好地履行岗位职责导致的学生伤害事故。

体育老师未下课便离开学生活动现场；发生学生伤害事故后，作为直接责任人，体育老师又将事故善后工作完全推给班主任；班主任接手事故善后工作后，未亲自陪伴受伤的学生去治疗，甚至没有打电话告知家长；校医长时间脱岗，学生找了一次找两次，好不容易才找到。

此次事故，体育老师承担主要责任，班主任和校医应承担次要责任。当然，他们的行为是一种职务行为，因此，学校难辞其咎。

三、安全密码：落实安全管理职责

为了落实校园安全管理职责，2013年教育部颁布了《中小学校岗位安全工作指南》(以下简称“《指南》”)。这是广大一线教师进行安全管理工作的指南，照此行事，方能保证学生管理工作顺利进行。

1. 透彻理解《指南》相关规定

《指南》规定了学校里40个工作岗位的安全职责，包括校长等17个管理岗位的安全职责，班主任等5个教育、教学岗位的安全职责，实验室管理员等18个教辅、后勤岗位的安全职责。学校里的所有工作人员都要对号入座，明确自己的安全责任，掌握相关的安全工作技能。

其中，关于班主任岗位安全职责的规定有14条，包括班级安全隐患排查整改（2条）、班级安全教育（2条）、班级建设中的安全管理（3条）、家校安全互动（1条）、关注学生身心安全（4条），等等。这是关于班级安全管理的重要条文，班主任务必充分熟悉，深入理解。

2. 加强岗位培训，增强岗位安全意识

学校应对全体教职工提出明确的岗位要求，所有教职工都有不言而喻的安全使命，都肩负着看护学生、教育学生、监督学生的职责，稍有懈怠，就可能导致学生安全事故发生。教师如此，门房保安也是如此；寝室管理员如此，食堂员工也是如此。

所有教职工都要按时上班或上课，不迟到，不早退，不中途离岗。如有特殊情况，比如突然生病等，要报告相关领导，请求领导安排人顶岗，然后离开，不能因情况特殊便自行离岗。

3. 创造性履行安全工作职责

全校教职工要创新思维，扎实践行，寓安全管理于具体的教育、教学活动之中。比如，组织学生查找藏匿于身边的安全隐患，用身边的小事唤醒学生对安全的重视，创编以"安全防范"为主题的手抄报、黑板报等。又如，引导学生学会使用医用消毒药水、包扎伤口、处理细微伤情等，提高学生的自救、自护能力，让学生积累自救、互救经验。

4. 实行首遇责任制和责任追究制

第一个发现安全事故或安全隐患的人为首遇责任人，首遇责任人应负责现场急救，现场保护，上报领导，拨打 119、120、110 等紧急电话以及告知家长、班主任等。其他相关人员到现场后，应共同对事故进行处理。

所谓责任追究制，即对工作方式正确、工作效果显著的部门和个人给予一定奖励，对工作不认真、造成不良后果的部门和个人给予必要处罚。

3. 安全工作周周清

一、安全囧境："头痛医头，脚痛医脚"

"头痛医头，脚痛医脚"，是学校安全工作存在的普遍状况。

为什么会出现这种状况呢？

一是为了吸取曾经有过的教训。比如，去年有学生翻墙摔折了腿，今年一定要防微杜渐，将防止学生翻墙作为工作重点。

二是因为教育局要来检查。教育局高度重视校园安全工作，一定会对校园安全检查提前做出安排。于是，学校便根据教育局领导来学校检查的时间（季节），对相关季节性安全工作予以高度重视，做好迎检准备。

三是因为媒体的报道。如果媒体对近期发生的安全事故进行充分的报道，学校就会把媒体报道中涉及的安全工作作为本阶段的要务，重点突击，不留隐患，确保不出事故。

四是因为教育部、教育厅等教育行政部门的紧急通知。根据全国、全省校园安全形势，教育部、教育厅会适时下发紧急通知。比如，2014 年教育部先后下发了三个紧急通知：《教育部关于做好春夏季中小学生和幼儿安全工作的紧急通知》《教育部办公厅关于切实加强汛期学校安全工作的紧急通知》《教育部关于加强冬季学校安全工作的紧急通知》。理所当然，通知所涉及的内容便成了时下最紧要的安全工作重心。

若是真能医好"头痛"，治愈"脚痛"，我们的安全工作还算有成效。

然而，"头痛医头，脚痛医脚"的工作思路却有两种危害，应高度警惕。其一，它会让我们的安全工作由计划性蜕变为应付性。当应付成为我们的工作惯性时，我们就会觉得校园安全工作太烦心、太恼人。一旦有了这种情绪，工作效果就必定会大打折扣。

其二，“头痛医头，脚痛医脚”就意味着头不痛，便不会医头，脚不痛，便不会医脚。这种思维逻辑极其有害，它会使我们对显而易见的安全隐患熟视无睹，对大量常规安全工作置之不理，它会使校园安全隐患越来越多，随之便可能是校园安全事故防不胜防。

那么，如何才能改变“头痛医头，脚痛医脚”的安全工作状况呢？

二、安全密码：安全工作周周清

要改变“头痛医头，脚痛医脚”的安全工作状况，就必须做到安全工作周周清。

1. 统筹规划，有序推进

可以考虑遵循校园安全工作的季节性特征，按月规划安全工作内容，每月一个工作主题。

上学期：9 月 —— 交通安全教育月，10 月 —— 校园及周边治安综合治理整改月，11 月 —— 消防安全教育月，12 月 ——“四防”教育月，1 月 —— 自然灾害防范教育月。

下学期：2 月 —— 饮食卫生安全教育月，3 月 —— 校内外活动安全教育月，4 月 —— 疾病防控教育月，5 月 —— 逃生避险演练月，6 月 —— 防溺水安全教育月，7 月 —— 自我防护实践月，8 月 —— 安全隐患排查整改月。

在此基础上，应将月工作主题细化到每一周，做好安全工作“周安排”。

当然，这 12 个主题并不能涵盖校园安全的所有内容。为此，我们还要按季节将 12 个主题之外的安全工作细化到相应季节的每一周。这样便形成了一个统筹规划、细化到月、细化到周的工作序列。按照这个工作序列，以学年为单位，一学年一个轮回，逐月展开，逐次完成，逐项达标，就可以改变“头痛医头，脚痛医脚”的安全工作状况。

我曾受湖北省教育厅之邀拟定《湖北省中小学安全工作手册》中的月工作内容安排，具体内容如下。

安全工作周周清台账（上学期）

月份	主题	周工作项目		工作要求	责任人签字
9月	交通安全教育月	1	交通安全教育，内保工作专项治理	1. 开展交通安全教育活动 2. 开展内保工作自查自纠	
		2	学期安全工作专题会	1. 总体部署学期安全工作 2. 安排并做好开学安全工作	
		3	防溺水安全教育活动	1. 建立学生异常情况档案 2. 开展防溺水安全教育	
		4	国庆节前安全教育	1. 印发国庆节假期安全事项告家长书 2. 学校投保校方责任险，鼓励学生自购保险	
10月	校园及周边治安综合治理整改月	5	校园周边治安专项检查	建立校园周边治安综合治理整改台账	
		6	校车养护	养护校车，对校车驾驶员进行考核	
		7	秋季运动会安全防护工作	普及运动安全常识	
		8	开展网络安全教育	开展网络安全教育	
11月	消防安全教育月	9	用电安全教育	开展主题教育活动	
		10	实验室安全检查	逐项检查、登记并及时整改	
		11	“11·9”全国消防日开展安全演练	1. 检查消防设施，建立整改台账 2. 开展消防安全演练	
		12	秋季流行病预防	普及预防流行病常识	

续表

月份	主题	周工作项目		工作要求	责任人签字
12月	“四防”教育月	13	开展预防犯罪专题教育	开展重点帮扶教育活动	
		14	预防艾滋病教育活动	结合“12·1”世界艾滋病日开展主题活动	
		15	开展交通安全教育	结合“12·2”全国交通安全日开展活动	
		16	禁毒警示教育	结合“12·4”全国法制宣传日开展活动	
		17	“四防”教育	在初、高中开展防核武器、防生物武器、防化学武器演练，在所有学段开展防恐怖袭击演练	
1月	自然灾害防范教育月	18	开展防火、防雷安全教育	普及冰雪、雷、电、火等灾害预防、逃生常识	
		19	开展燃放烟花爆竹、春季饮食卫生安全教育	印发寒假安全事项告家长书	
		20	春节交通安全教育	强调不坐超载车辆和黑车	
		21	校舍设施安全隐患排查	防止大雪压垮建筑物等	

安全工作周周清台账（下学期）

月份	主题	周工作项目		工作要求	责任人签字
2月	饮食卫生安全教育月	1	校园安保工作专项检查	对校园安保做专项检查，建立问题台账，发现问题及时整改	
		2	开展饮食卫生安全教育	1. 开展饮食卫生大检查 2. 完善学生异常情况档案	
3月	校内外活动安全教育月	3	教学活动中的安全教育、社会实践活动中的安全教育	1. 逐项检查登记，建立整改台账 2. 对学生开展相关安全教育	
		4	气象安全教育	结合“3·23”世界气象日，了解春季常见的灾害性天气及其防范对策	
		5	森林防火安全教育	结合清明扫墓开展森林防火教育	
		6	预防传染病	举办预防传染病讲座	
4月	疾病防控教育月	7	流行病防控	1. 流行病流行期间开展晨检、午检 2. 开展防狂犬、虫、蛇咬伤教育	
		8	世界卫生日宣教活动	结合“4·7”世界卫生日开展宣教活动	
		9	寝室安全教育	1. 寝室安全检查，并及时整改 2. 开展寝室安全教育	
		10	节前安全教育	印发五一假期安全事项告家长书	

续表

月份	主题	周工作项目		工作要求	责任人签字
5月	逃生避险演练月	11	地震、洪水避险逃生教育	制定应急方案，落实岗位职责	
		12		结合“5·12”全国防灾减灾日，开展针对地震、洪水等自然灾害的逃生演练	
		13	心理安全教育	对初中、高中毕业班及其他年段异常学生进行心理安全方面的帮扶活动	
		14	暴雨、雷电避险逃生教育	开展针对雷电、山洪、泥石流等自然灾害的逃生演练	
6月	防溺水安全教育月	15	防溺水安全教育	1. 培训学生的游泳技能 2. 引导学生掌握溺水应对措施	
		16		签订防溺水安全责任书	
		17	中考、高考安全保障	1. 做好中考、高考安全保障工作 2. 结合“6·26”国际禁毒日，组织开展主题教育活动	
		18	校舍设施安全隐患排查	做好整改台账，限期消除安全隐患	
7月	自我防护实践月	19	网络安全教育	利用散学典礼进行网络安全教育	
		20	做好防汛、防火、防盗等安全工作	1. 印发暑假安全事项告家长书 2. 做好防汛、防火、防盗等工作	

续表

月份	主题	周工作项目		工作要求	责任人签字
8月	安全隐患排查整改月	假期	校舍设施安全维修，水、电、气、消防安全检修	1. 对食堂员工、宿舍管理员、校医、保安、电工、锅炉工、实验室管理员等进行专业培训 2. 维修校舍、教育设施设备	

2. 落实校园安全一日常规

如何确保上述安全工作次第展开呢？

它需要一项制度来保证，这项制度，我们叫作“校园安全一日常规”。有了这项制度，就能确保月安全工作顺次推行、周安全活动如期开展。

校园安全一日常规

日查项目	工作要求	责任人
1. 校园巡查	坚持每天（至少一次）对校园、校门及周边进行巡查和巡堂制度，发现异常情况及时处置	校长
	坚持早、中、晚校门值守，午餐食堂巡查，午休教（寝）室巡查，课外活动校园巡查，放学清校	行政值日的领导
	认真填写校园安全一日常规记载表	行政值日的领导
2. 门房保卫	确保门房监控等设施设备正常使用	保卫干部、保安
	严格执行进出校门登记制度，严格执行学生中途离校核查制度	保卫干部、保安
	关注校门周边治安环境，确保上学、放学时学生出入安全	保卫干部、保安
	认真填写门卫值班记录，不留时间空白	保卫干部、保安

续表

日查项目	工作要求	责任人
3. 班级安全	清点到校学生人数，及时联系未到校学生家长，查明原因、去向，妥善处置	班主任、政教主任
	关注学生的身体状况及心理状况，发现异常情况及时处置，并及时与家长联系	班主任、政教主任
	细心关注并及时化解学生之间的矛盾及安全隐患	班主任、政教主任
4. 教学安全、活动安全	严禁身体或心理不适合教学的教师上岗上课	校长
	加强教学过程管理和活动过程管理，确保物理、化学、生物实验操作，体育、综合实践等课程的教学安全	科任教师
	妥善处置教学、活动中出现的安全问题	科任教师
	在学科教学和课外活动中有机渗透安全教育	科任教师
5. 饮食安全	查验饮食原材料、索证、消毒、留样，加强物品及原材料存放管理，落实超期或霉变食品销毁登记制	食堂管理员、总务主任
	加强校园超市管理，严防“三无”（无厂名、厂址和生产日期）食品进校园	校园超市管理员、总务主任
	严格执行食堂、校园超市“六防”（防蝇、防鼠、防蚊虫，防火、防盗、防投毒）制度	食堂和超市管理员、总务主任
	加强饮用水管理，确保饮用水安全	校医、总务主任
6. 校车安全、寝室安全	检查校车年检、驾驶员年检证件，督促落实既定的校车运行制度	分管副校长
	巡查并确保寝室、宿舍门窗、床等，包括用电、用水、防火等设施设备的安全。	宿舍管理员、总务主任
	严格就寝巡查制度，清点人数，及时查明未就寝学生的去向，并及时妥善处置	宿舍管理员、政教主任
检查记载		

校园安全一日常规是一项工作制度，有了它，相关领导和教职工、相关部门就能各司其职、各尽其责。

校园安全一日常规也是一套工作规范，它明确了学校相关部门、相关工作人员必须达到的工作标准。

校园安全一日常规更是一种工作方法，照章执行，必能确保理想的工作效果。

4. 抓铁要留痕

一、安全囧境：安全工作“雁过无痕”

“雁过无痕”指学校领导、教师完成了既定的安全工作，却没留下什么痕迹。这种情况下，一旦出现不良后果，由于没有留下清晰的工作轨迹，就没有足够的过程材料来证明我们曾经履行过相应的安全职责。这样，进行事故处理时，学校、教师就必然会陷入被动的境地，甚至会被迫承担教育责任和管理责任。

安全工作“雁过无痕”的具体表现如下。

1. 工作无计划

这是领导疏忽造成的。个别领导不太重视留下工作痕迹，工作安排往往是口头安排，工作监督往往是口头监督，工作总结往往是口头总结。比如，组织学生进行消防安全演练，没留下演练工作方案；组织学生参观访问或参加社会实践活动，没与客运公司签订安全协议；组织学生到电影院看电影，没与电影院签订协助管理责任书……

2. 过程无记录

这是相关部门、相关教师疏忽导致的。比如，给学生做安全讲座，没留下讲稿，没留下记录；和异常学生进行安全方面的谈话，没设计异常学生安全谈话签到表；组织交通安全图片展，没留下任何参观照片……

3. 未收集对自己有利的证据

在工作过程中，我们常常发现家长的教育言行存在安全隐患，家庭环境不利于孩子安全成长。此时，我们应多个心眼，通过拍照、录音等方式留下证据。这是迫不得已时的一种自我保护措施。然而，事实却是：教师亲眼看见家长毒打学生，却未及时拍下照片；亲耳听见家长用“读书没屁用，不如死了算了”骂孩子，却未做实况记录；家长来校辱骂教师，教师虽感到委屈，却未做任何记录，也未报告领导……

如此，一旦出现非学校责任造成的学生安全事故，学校和教师就会遭遇“有理无处说”的尴尬，承担本不属于自己的责任。

二、典型案例

停留在口头的“周密安排”

2010 年 4 月 23 日下午，某校团委组织七年级学生步行五里路，去烈士陵园扫墓。通过一交通要道时，事先安排的六名老师分成两排，背向站在道路中间，形成一条横过马路的通道，并提醒来往车辆、行人暂停避让。过往的车辆、行人很自觉地停了下来。学生有序地排队通过马路。

突然，一辆摩托车刹车失灵，车主慌了神，忘记了熄火，驾驶车辆晃晃悠悠从已经停下的车辆缝隙中“挤”了过来，造成两男一女三名学生受伤。

事情发生后，老师马上报告学校领导，通知了学生家长。然而，受伤女生汪某的父亲是本地颇有影响的民主人士，他接到电话后，先是派车把女儿送进了医院。接着，他先后来到公安局、教育局局长办公室，要求对肇事车主进行惩罚、对相关教师进行问责。

教育局很快派专人来校处理此事，经过调查，他们发现学校团委对此次扫墓活动的安排相当周密：总负责人、班级责任人一清二楚，途中三个路口的安保安排非常仔细，甚至具体到了“某某等三名老师面向路口左边，某某等三名老师面向路口右边，示意车辆、行人停下让行”。然而，当他们索要工作方案和详细的会议记录，回局里向局长复命之时，问题出现了——学校团委对此项工作的周密安排只停留于口头，并未形成书面工作方案，只有一个不甚详细的会议记录。

最后的处理结果是肇事车主承担受伤学生的治疗费用，并被拘留15日；学校团委书记因未拟定工作方案而被认为“组织不力，措施不当”，被免去团委书记职务。

这是一个安全工作“雁过无痕”的典型案例。

应该说，本次扫墓活动的安保措施是细致、周到的。本次事故纯属意外。肇事摩托车刹车失灵，车主慌里慌张处置不当，致使学生受伤。学校、教师均无过错。

然而，学校团委虽召开过专门会议，详细部署，周密安排，却没有书面工作方案，也没有详细的会议记录。这是团委书记被问责的关键原因。

三、安全密码：抓铁要留痕

留下安全工作的轨迹，是极为重要的。它可以证明，我们已经做好了安全管理工作，尽到了安全教育义务，履行了岗位安全职责。

1. 确保安全工作万无一失

根据安全工作年度计划和即时性安排，相关部门责任人要即时制定相关的安全工作方案，成立工作专班，明确工作责任。大处着眼，小处着手，动真格的，各司其职，各负其责，团结协作，确保安全工作万无一失。

举个例子，6月是防溺水安全教育月，学校政教处应于5月底制定“防溺水安全教育月活动方案”，并上报分管副校长审核，经校长办公会审定后实施。之所以要上报分管副校长审核，经校长办公室审定，是为了让所有管理干部知晓并在一定程度上参与进来。相关职能部门及其责任人、班主任应该牢记分工，创新思维，履行职责，产生实效。比如，“加强游泳技能培训”如何落到实处？大多数学校可能没有游泳池，不能现场培训，怎么办？只能无所作为吗？分管副校长、政教处一定要杜绝无所作为的现象，如果条件受限，可以创新工作思路，至少可以播放游泳技能培训光盘。只要周密组织，即使学生不能完全掌握游泳技能，也一定会有所收获。又如，如何限制学生在校期间私自下水游泳？关键时段要严防死守，午休、课外活动等空档时间尤其要加派人手，坚守岗位。上学时间要清点人数，发现学生未按时到校，要立即告知家长……

总之，多想办法，认真落实，确保安全工作不出纰漏，是抓铁留痕的核心内容。

2. 整理好安全工作专题档案

这是留在纸面上的痕迹。主要包括五个方面的内容。

①专题工作方案。如前所述，“防溺水安全教育月活动方案”即属此类。

②专门的安全协议。如“学生防溺水家、校责任书”、与某基地签订的“学生野外活动安全责任书”等，即属此类。

③专题会议记录。如前所述，防溺水安全教育专题办公会的会议记录即属此类。需要注意的是：会议记录最好用专用记录本，会议结束后，将其复印下来放入专题档案；会议记录应该是详细记录，参会者的发言内容、最后的决议等要详细记录下来。切不可只记会议程序，没有任何实质内容。

④主题发言稿。比如，与防溺水教育有关的讲话稿、广播室播出的相关稿件、家长会上班主任的发言稿、全校学生大会上学生的表态发言稿件，等等。总之，与某个安全专题相关的领导讲话稿、教师发言稿、学生发言稿、家长发言稿均应归入其中。

⑤其他相关资料。还是以防溺水安全教育档案为例，除了上述四个方面的材料外，还有一些资料也应归入其中。比如，县、市、区教育局下发的关于防溺水的文件、书面通知、电话通知（记录）。又如，不会游泳学生分班统计表、溺水应急知识测验试题、溺水应急知识测验成绩登记表等过程性资料。再如，各班的班务日志、各年级的年级工作日志中关于防溺水教育的相关记录。

这样，就形成了一个安全教育的专题档案包。

3. 将相关安全工作记入工作笔记

即将安全工作安排、工作要求、工作分工、工作职责记入个人工作笔记。这样做的好处有两个。

①它有非常重要的提示作用。每天一进办公室，翻翻工作笔记，看看哪些事是今天必须做的、哪些事是本周必须做的。这样，便不会误事。

②关键时刻，个人工作笔记可以作为证明材料。它既能证明我们履行了工作义务、尽到了工作责任，又能证明我们不应对某个安全事故承担责任。比如，一天早上，我班学生王某未按时到校，我及时打电话告知了家长，并将通话情况记录在个人工作笔记本上。上午第二节课时，我接到了王某家长的电话，说他在来校途中跑去游泳，出了安全事故，幸亏发现及时、抢救及时，幸免于难。此时，个人工作笔记本上的相关记录，便是证明我无过错、无责任的证据。

5. 控制好校园消防栓

一、安全囧境：消防事故频发

消防安全是校园安全管理的重要内容。

站在学校管理的高度，着眼于学生的身心安全，我们应该建立健全消防安全规章制度，配备必要的消防设施设备，使校园内所有教室、寝室，楼堂馆所都符合消防标准；还应加强对学生的消防安全教育，使其掌握必要的消防知识和逃生技能。

然而，现实是残酷的，校园建筑达不到消防要求，消防设施设备未定时检测、维修，教室、寝室违规使用电器，消防演练流于形式等现象屡见不鲜。

消防事故频发，消防安全形势严峻。

二、典型案例

中央民族大学上千女生被疏散

2008 年 5 月 5 日 11 点半左右，中央民族大学 28 号楼 6 楼一女生宿舍发生火灾。

该宿舍一名女生说：她们是 2006 级学生，起火时，宿舍里没有人，不知起火原因。

着火后，楼内浓烟笼罩，6 楼的能见度不足 10 米。

着火的宿舍楼可容纳 3000 余名学生。火灾发生时大部分学生都在楼内。

所幸消防员及时赶到，上千学生被紧急疏散，未造成人员伤亡。

据调查，最初起火部位为宿舍物品摆放架上的接线板。事发时，该接线板上插着两台可充电台灯，以及另一个接线板。可充电台灯的插头连接不规范，因长时间充电而导致电器线路短路，火花引燃该接线板附近的布帘等可燃物，并向上蔓延，造成火灾。

事发后校方对该宿舍楼进行检查，发现了1300余件违规使用的电器，其中最易引发火灾的“热得快”有30件。

这是一起违规使用电器、插头连接不规范导致的重大安全事故。

事发时，接线板上违规插着两台可充电台灯，并违规插着另一个接线板，而且充电台灯的插头连接不规范。

当时，宿舍里空无一人，正在使用的电器无人看管。

不乱搭乱接电线，规范使用电器，离开房间时及时拔出电器插头，才能减少或杜绝此类消防事故。

三、安全密码：控制好校园消防栓

控制好校园消防栓，意为掌控校园消防安全局势，杜绝校园消防事故。它包含三个方面的内容。

1. 让设施设备达标

消防设施设备分为四大类，各类设施设备均要达到国家标准，均要处于随取随用的工作状态。

第一类是建筑疏散设施。按照规定，楼堂馆所的楼层高度、栏杆高度、走道和楼梯宽度以及疏散通道、安全出口、防火门必须达到国家规定的消防标准，应急照明灯和疏散指示标志必须符合规定，否则，应及时报告上级主管部门，并在消防部门的督促下整改达标。

第二类是消防给水设施。要求消防水源管道畅通无阻，消防栓完好无损、即开即用，自动喷洒的灭火装置时刻处于“临战”状态。

第三类是泡沫灭火设施。学校各处应配备数量足够的灭火器，一旦发现火情，可就近取用灭火器即时扑火。泡沫灭火设施要定期检查、维修。

第四类是消防通信设施。要求用于防火报警的手动按钮和烟感探头时刻处于良好的工作状态，一旦出现火情，可以及时发出报警信号。

2. 让消防安全知识扎根于学生心中

学校要定期给学生举办消防安全知识讲座，让学生牢记寝室、教室、实验室的消防注意事项：不得在寝室里乱拉电线；不得在寝室里使用“热得快”之类的电器；不得把打火机、火柴、鞭炮等带进校园，发现同学玩火应该立即制止，并报告老师和家长；不得在寝室里点蜡烛看书；不得用纸给白炽灯做灯罩；不得在寝室、教室、实验室里使用移动充电设备。

要教育学生注意保护消防设备：不要挪动或损坏消防栓、灭火器等设备；不要随意按动火警按钮，不要随意拨打火警电话；不要在楼梯通道里存放物品，楼梯通道应保持畅通。

要教学生掌握火场逃生知识：要冷静观察着火位置，在火势未蔓延前，朝逆风方向快速离开；房间起火后，要用湿毛巾捂住口鼻，匍匐逃生；不要从窗口往下跳；如果楼层不高，可以在老师的保护和组织下，用绳子从窗口降到安全地区；不能乘电梯，如果防火楼梯被堵死，应返回到屋顶平台上（或将楼梯间的窗户玻璃打破）高声呼救……

怎样才能让上述安全知识在学生的心中扎根呢？除了必要的口头说教外，组织消防安全演练至关重要。要通过消防安全演练，让学生将相关消防知识内化为火场逃生技能，提升个人安全素养。

3. 做好消防安全检查

消防安全检查主要包括三方面的内容：消防设施设备性能的好坏、消防逃生知识和技能的储备、日常生活中的消防意识等。

在冬天，有的老师会使用微型电取暖器，中午放学离开办公室时，经常有老师忘记拔掉电源插头。

这说明广大师生的消防意识绝非讲座、培训能够增强的，必须强化日常消防安全检查。一旦发现问题，要立即批评指正；情节严重的，对学生可以给予纪律处分，对老师应与绩效奖的发放或与“评模”“评先”表彰挂钩。

6. 为学校装上千里眼

一、安全囧境：师生财物被盗无从查起，学生打伤同学拒不认账

我们时常会碰到这样的学生：犯错后不承认，打人后不认账，甚至发生在众目睽睽之下，他也不认账。

比如，2013 年春季学期，我校连出几起师生财物被盗案件，却无从查起，报警后也是查无实证，让人既困惑又愤怒；两个孩子在教室里打架，其中一个孩子受伤，可是，现场没有证人，面对伤者的指控，伤人者却理直气壮，拒不认账；住读的孩子晚上翻越院墙，夜不归宿，受到伤害，为了让学校和教师承担经济责任，孩子和家长一口咬定他是从学校大门出去的……

类似事件中师生的不幸遭遇很让人同情，学校在事故的处理中往往很被动，正义得不到伸张，真相被遮掩，甚至学校还要承担经济责任，承受办学声誉上的损失。

二、典型案例

打伤同学，拒不承认

星期四课外活动时，学校召集全体老师开例会，学生则按惯例搞大扫除。

会议结束后，我径直走向办公室。远远地，便看见铃铃同学站在办公室门前抽泣。怎么回事呢？我不由得加快了脚步。

“老师，牛牛他用脚踹我的肚子！”一见面，铃铃就向我哭诉。

“铃铃别哭，有老师呢！究竟是怎么回事，你慢慢讲给我听。”我边安抚孩子，边打听情况。

“我打扫完卫生后回到教室拿卫生纸去上厕所，发现牛牛在我的课桌里乱翻，便拉着他问他在干什么。他说让我别管他的事……然后，他挣脱我向教室外走去。我说要把这事报告老师！他一听这话，马上转过身来抓着我的衣服说：‘你告诉老师，我就揍你！’说着，一把将我推倒，还用脚踹我的肚子！”

听完铃铃的哭诉，我心想，这还得了，得好好教训一下牛牛。

没想到牛牛到我的办公室后，竟矢口否认，说根本没这么回事，为什么要冤枉他。

…………

牛牛终究没有承认干过这事。而铃铃，虽然老师和家长耐心地进行了劝慰，但因找不回公道，郁闷了很长一段时间。

按理说，就算没有直接的证据，老师也能够根据牛牛、铃铃平时的表现，对是非曲直做出“判断”。

只是这种“判断”、这种“零口供判决”，经不起推敲，不能令家长信服。

尤其是面对说谎不脸红的牛牛，老师非常无奈，对牛牛的批评教育极为被动，只能不了了之。

三、安全密码：为学校装上千里眼

为学校装上千里眼，即在学校各处装上监控视频。这对学校的安全管理是极有好处的。

其一，能有效防范外来不法人员。有了全覆盖的监控视频，当那些不法分子翻墙跑到学校为非作歹时，监控室的工作人员很快就能发现；即使当时不能发现，事后也能提供很大帮助。

其二，有利于对问题学生开展针对性教育。有些学生自控力差，品行不端，有一定的反侦察能力，往往会在深更半夜或寂静之时，干出严重违反校规校纪的事。有了覆盖全校的监控视频，问题学生的一切违纪行为都将无法遁形，结合监控视频对学生进行教育，其针对性、时效性会更强。

其三，能挽回不必要的财产损失。寝室、教室、办公室甚至财会室都可能被品行不端的学生或社会上的不法分子惦记上，有了监控视频，师生的财物安全风险就会大大降低。

但是一些地方，由于经济条件的限制，不少学校还没有安装监控视频。这对学校的安全管理是极为不利的。

为此，有几点建议。

①口头呼吁。学校的普通教职工可以向校长、分管安全的副校长、政教主任、保卫科长等口头呼吁，敦促其安装监控视频。

②书面申请。学校领导向教育局、乡政府、县政府提出书面申请，列出资金预算。学校安全是最重要的民生事宜，政府不可能推脱，要是相关部门未及时回复，学校可再写申请，再打报告，直到解决为止。

③及时安装。在向上级提出申请后，若上级同意安装并及时拨款，学校应立即组织安装到位。若上级同意安装，但经费有限，不能立即开工，学校可开源节流，自筹资金，规范采购，先行安装，再向上级报账。

④适时维护。因维护不及时，很多监控摄像头被人为破坏，成了摆设；或线路受损，不能正常工作；或被蛛网遮挡，失去监控功能。因此，学校一定要安排专人负责监控设备的保养和维护，确保它们每时每刻都能正常工作，实现真正的视频监控全覆盖。

7. 给校车关好安全门

一、安全囧境：校车严重超载

为规范校车运营，2012 年 4 月 5 日，国务院颁布实施《校车安全管理条例》。条例要求，生产校车的企业应当保证所生产或改装的校车符合国家安全标准，而且校车应由取得校车驾驶资格的人员驾驶。其行驶线路、开行时间和停靠站点均需周密考虑，形成固定方案，并遵照执行，不得随意更改。

这是一项重要的民生工程，已惠及千千万万的儿童。

然而，校车的安全形势依然严峻，主要表现为严重超载。

二、典型案例

校车翻入水塘，11 人身亡

2014 年 7 月 10 日下午 5 点左右，湖南省湘潭市雨湖区响塘乡金侨村乐乐旺幼儿园所属的一辆校车在送幼儿回家途中，经过与长沙交界的干子村时，翻入山坳中的水塘。

事发后，因出事地点偏僻，少有人来往，无人发现，无人施救，直到一位垂钓者发现水塘中若隐若现的校车后才报警。而此时，车中人员已经全部罹难。出事校车共造成 11 人死亡，包括 1 名司机、2 名幼师、8 名幼儿。

调查发现，核载 7 人的小型面包车，超额搭载了 11 人。校车司机上岗才几天时间，对校车行驶线路不熟悉，缺乏必要的校车驾驶培训。

这是一起非常惨烈的校车安全事故。

交管部门应为司机缺乏必要的校车驾驶培训负责。

司机则要为超载行为承担全部法律责任。

而学校应该承担的责任如下：①为司机不良的工作状态承担监督之责；②为校车的严重超载而无所作为承担失职之责；③对护送老师的安全意识淡薄承担教育之责。

三、安全密码：给校车关好安全门

校车管理涉及多个部门，学校不可能对与校车相关的所有问题负责，但应在有限的职责范围内做好安全管理，给校车关好安全门。

校车的安全门应有五扇。

第一扇安全门：配备校车安全管理员（可以兼职）。若校车属于学校所有，学校应当建立健全校车安全管理制度，配备专门的校车安全管理员，对所聘司机严格把关，司机必须有三年以上安全驾驶经历，且熟悉行驶路线。若校车不属于学校所有，学校应配备校车安全管理员，并督促校车提供者建立健全校车安全管理制度，督促其加强对司机的安全教育。

第二扇安全门：加强随车护送人员培训。学校要安排一名或一名以上专职工作人员或兼职人员作为接送学生的随车护送人员。随车护送人员要有强烈的安全责任心，要掌握相关应急救护常识，并监督司机遵守交通规则，按既定路线接送。

随车护送人员和校车安全管理员共同负责控制搭载人数，严禁超载。

第三扇安全门：定期对校车的安全性能进行检查维护。若校车属于学校所有，学校应该定期对校车进行检修保养，并将养护单据存档备查。若校车不属于学校所有，学校应当与校车服务提供者签订校车安全管理责任书，定期查看车辆维护单据。

第四扇安全门：及时通报校车接送学生的相关信息。学校校长、幼儿园园长是学生交通安全的第一责任人，要随时掌握校车车况、司机和随车护送人员的情况，随时掌握校车运行时间、路线等，并把这些信息告知家长，要求家长按时在既定地点接送孩子。

第五扇安全门：强化学生的乘车安全教育。要让学生掌握坐车注意事项：副驾驶座最不安全，学生不能坐副驾驶座；汽车行驶过程中，不要在车内乱跑，以免急刹车时摔倒；按要求系好安全带；校车拐弯、刹车时，双手抓住座位，以免碰伤；拒绝乘坐超载校车；拒绝乘坐“黑校车”。

8. 强化学生宿舍的安全管理

一、安全囧境：宿舍安全事故屡屡发生

比起走读学生，住读的中小学生面临着更多安全风险。

白天，学生一般不进宿舍，宿舍处于无人看管的状态，常发生钱财被盗事件；因违规使用电吹风、电炉、充电器等，宿舍里常发生电击事故、火灾等，且后果严重；因为更加隐蔽，宿舍里更容易发生打架斗殴事件；夜深人静时，常发生学生翻墙外出、夜不归宿的事件，甚至发生不法分子潜入宿舍伤害学生事件；等等。

二、典型案例

9 名歹徒潜入女生宿舍

2011 年 12 月 17 日凌晨 2 点左右，覃某、张某、彭某等 9 名歹徒翻越围墙潜入广西浦北官垌中学女生宿舍，猥亵熟睡中的 30 名初中女生。因学生大声呼救，歹徒逃离了现场。

歹徒在逃离途中发现没有人追赶他们，竟然再次潜入女生宿舍，再次肆无忌惮地猥亵 30 名惊魂未定的女生。其间，一名女生因强烈反抗，而遭到歹徒惨无人道的轮奸。

…………

尽管有学生大声呼救，尽管有学生强烈反抗，但是，在长达 2 个小时的猥亵、轮奸暴行中，没有任何一名学校领导赶到现场，没有任何一名宿

舍管理员到达现场。

这是一起因学校管理不善而导致的重大安全事故。在学生遭遇暴行期间，宿舍管理员、保卫科工作人员、政教处管理人员、分管安全的副校长等均不在管理岗位上。这是歹徒得逞的根本原因，是我们的前车之鉴，是所有住读制学校都要吸取的教训。

三、安全密码：强化学生宿舍的安全管理

要遏止住读生的安全风险，就必须强化宿舍安全管理。

1. 建立健全宿舍安全管理制度

①建立宿舍安全责任人制度。校长是宿舍安全的第一责任人，德育副校长是宿舍安全的分管责任人，保卫科长是宿舍安全的直接责任人，宿舍管理员是宿舍安全的具体责任人，班主任是本班学生宿舍安全的具体责任人。上述各层级各部门、各相关责任人务必各司其职、各负其责。

②建立学生进出宿舍问询制度。就寝期间应禁止学生离开宿舍，上课期间应禁止学生进入宿舍，如有特殊情况，应该由班主任或其他老师批准。为实施这项管理措施，宿舍管理员须区分白班、晚班，以保证宿舍里 24 小时有人值守，对进出宿舍的学生适时问询。

③建立来客登记制度。非本宿舍人员来访，要及时登记，宿舍管理员要记下来访者的姓名、事由、相关学生的姓名及宿舍号。一旦发生由来访者导致的安全事故，迅速追查。

④建立就寝巡察制度。宿舍管理不仅是宿舍管理员的事，校长、分管副校长、政教主任、保卫科长等管理人员以及值周、值日的领导要定期定时到宿舍里巡察，值守夜班的宿舍管理员要适时巡视各宿舍，制止违纪行为，看护熟睡中的学生。班主任更要经常到宿舍里去看、去讲，和宿舍管理员实行无缝对接。

⑤建立宿舍安全事故应急机制。

—— 要有夜间急性病发作紧急处置预案，对晕厥、腹泻、恶心呕吐、大出血、内出血、骨折、肚子疼等进行紧急处置，及时拨打 120，及时通知家长。

—— 要有宿舍被盗案件紧急处置预案，首遇责任人要及时报告学校领导，若案情重大，应及时报警，并注意保护现场。

—— 要有宿舍火灾应急处置预案，及时拨打 119，采取必要的措施灭火，运用正确方法逃离火场。

—— 要有校外人员进宿舍滋事施暴应急处置预案，对不法分子进行盘查、登记，或与之斗智斗勇，或疏散师生，救治受伤人员，同时拨打 110 报警。

2. 让学生熟知常见的宿舍安全事故类型

熟知常见的宿舍安全事故类型有助于提高学生的警惕性，增强学生的防范意识，减轻伤害程度。常见的宿舍安全事故有以下几类。

①漏雨、沁水造成的伤害事故。有的学校住宿条件较差，房屋老化。在多雨的季节，往往会出现屋顶漏水、墙壁沁水、地面进水等险情，甚至会出现墙壁裂缝、房屋垮塌等危险。

②火灾、触电造成的伤害事故。学生在宿舍里违规使用电热毯、取暖器，给手机、热水袋、MP3 充电，点蜡烛等，都可能导致伤害事故发生。

③不法分子闯进宿舍造成的伤害事故。如小偷儿潜入宿舍造成学生财物损失，歹徒潜入宿舍性侵女生，其他非本校、本宿舍人员潜入宿舍伤害学生，等等。

④在宿舍里吸烟、酗酒、过生日、赌博等导致的伤害事故。

3. 让学生掌握必要的安全事故应急处理办法

遭遇宿舍安全事故后，必要的避险逃生能力有助于减轻伤害。学校一定要强化学生的安全防范意识，提高学生的应急防范能力。晚上就寝时要关闭门户，遇歹徒攻击时，要巧妙周旋，及时拨打 110 报警。违规使用电器或蜡烛造成火灾后，要立刻拨打 119 报警，打开门窗通风，用湿毛巾捂住口鼻，匍匐逃到安全之处。暴雨后宿舍进水了，要赶紧离开宿舍，以防宿舍被水浸泡后倒塌……

9. 筑起校园施工安全屏障

一、安全囧境：校园施工隐患多

为了保证教育、教学活动正常开展，学校会利用双休日、寒暑假对课桌、门窗，教学楼、宿舍楼等进行维修。

在有些情况下，学生上学期间，也会进行校园建设。比如，及时更换损坏的门、窗，按施工合同安装“班班通”网线，铺设塑胶跑道，修建操场看台，等等。

无论是利用假期施工，还是在学生上学期间施工，都有安全隐患，都有事故风险。比如，空中坠下的水泥块、砖块砸伤学生，围墙倒塌埋住施工人员，锯倒的大树将路过的学生砸伤，工程车上滚落的建筑垃圾绊倒学生，等等。

二、典型案例

溜入施工地，扔砖块砸伤同学

春季学期开学后不久，某小学决定对教学楼的楼顶进行绿化施工。这是一栋三层教学楼，楼顶正中有一个观景房，观景房外平台是正在建设的楼顶花园，教学楼的楼梯可直达观景房。

课间，三年级学生丁某发现通向楼顶观景房的大门敞开着，便蹑手蹑脚地来到楼顶观景房。接着，他又发现从观景房通向楼顶平台的门也敞开着，平台上的施工人员已经离开，便大着胆子来到楼顶平台上玩耍，随手捡起几个小砖块漫不经心地朝着操场扔去。

只听得“哎呀”一声，正在操场上玩耍的五年级学生陶某被砸中头部，倒地不起，造成了中型闭合性颅脑伤。经过上海长征医院全力抢救，方才保住性命。出院后，长期在家休养，由母亲请假护理。

（来源：吴志宏、杨安定《中小学生伤亡事故案例》，上海教育出版社出版）

这是一起由施工方管理不到位导致的学生伤害事故。

施工方应承担主要责任。屋顶绿化施工时，施工方没有严格执行安全管理措施：施工人员离开现场时，没有关闭通向楼顶观景房的门，也没有关闭观景房通向楼顶平台的门。

学校应承担次要责任。因为学校对工程施工负有安全协管之责，可是，学校的安全协管人员未履行分内之责。另外，学校还应为丁某的不安全行为承担教育责任。

丁某的监护人应对这起伤害事故承担次要责任。因为是丁某砸伤了陶某，可丁某是未成年人，根据法律规定，他的责任由监护人承担。

这起事故给了我们两点启示：一是要强化学生的安全教育，要经常性地、不间断地对学生进行安全教育。二是校园施工时，要安排专人检查、监控各项安全措施的执行情况，一旦发现异常情况，立即批评整改。

三、安全密码：筑起校园施工安全屏障

《中华人民共和国民法通则》第一百二十六条规定：“建筑物或者其他设施以及建筑物上的搁置物、悬挂物发生倒塌、脱落、坠落造成他人损害的，它的所有人或者管理人应当承担民事责任，但能够证明自己没有过错的除外。”

学校属于人员特别密集区域，校园施工期间，上述规定所述之安全风险更大，校方、施工方要携手合作，共同筑起校园施工安全屏障。

1. 建立健全施工场地的安全机制

①制定安全工作方案，明确第一安全责任人、第二安全责任人、直接责任人。明确相关单位和人员的安全协管职责。一般而言，学校应对校园

施工承担安全协管职责，所以，学校应明确安全协管的第一负责人、责任部门及直接责任人。如果是校内教职工进行的小型维修，如更换破损门、窗等，施工时要注意三个安全要素：疏散学生、专人看护、安全施工。疏散学生，即将施工场地周围的学生疏散到其他地方去；专人看护，即安排专人维护现场秩序，保证没有一个学生进入施工范围；安全施工，即施工人员按专业程序施工，不出现任何意外。

②签订安全管理责任书。这既针对紧邻学校、在校外施工的建设单位和个人，也针对在校内施工的建设单位和个人。安全管理责任书的内容包括以下几点：明确施工方项目经理为施工安全管理的第一责任人，全面负责施工安全；明确校长为施工期间校内学生安全管理的第一责任人，负责施工期间的学生安全管理；施工方安排专人负责施工安全管理，学校政教处负责对学生进行与施工有关的安全教育和安全监管；施工时间和学校上课时间基本一致，即学生休息时间不得施工，不得影响学生休息。另外，学校和施工方应签订安全管理协议，一式四份，双方各执一份，上送教育局一份，校园内显著位置张贴一份。

2. 严格履行施工现场的安全监管职责

①无论是施工方还是校方，都要认真履行安全监管职责。很多事故表明，发生安全惨剧的主要原因，是缺乏有效的现场监管。

②定期召开安全管理碰头会。对大型校园施工（或紧邻校园的校外施工），要定期组织安全协调会，就已经出现或可能出现的安全隐患予以通报，或防微杜渐，或亡羊补牢，避免出现更大的安全问题。

3. 加强对全校师生的安全教育

学校要教育全体教职工以主人翁的姿态承担起安全协管、安全监管的责任，为师生安全出谋划策、出汗出力。

要教育班干部、学生会干部自觉充当校园安全的义务监督员，一旦发现异常情况或安全隐患，及时报告老师或学校领导，防患于未然。

要教育学生远离施工场所，要让学生明白此时的好奇心是有安全风险的，甚至是要付出生命代价的。

10. 及时清除安全蚁穴

一、安全囹境：忽视安全蚁穴，校园危机四伏

因为经常参加教研活动，我曾到过不少学校，尤其是农村中小学，发现过不少安全隐患。比如，宿舍窗户上、走廊栏杆上全部安装了防盗网，存在严重的消防安全隐患；监控摄像头被蜘蛛网遮挡，不能有效地工作；校内水池边没有栏杆，存在明显的溺水事故隐患；教学楼的应急逃生通道不符合要求；等等。我委婉地指出过这些问题，大多数同人总是说："感谢你的提醒，我们已将这些安全隐患记录在案，不久就会整改到位……"

调查发现，学校领导、相关部门、相关责任人虽然非常重视安全隐患的整改，却因种种原因，未能及时将安全隐患整改到位。

只要安全蚁穴还在，隐患未予清除，由此引发的学生伤害事故便难以避免。

二、典型案例

窗户四角锐利，划伤学生

某校新修的教学楼，窗户只能向内打开。因为金属窗框的四个角很锐利，学生搬进新教学楼的第二天便有人在玩闹时被其划伤手臂。

家长找学校理论，质疑教室设施设备不符合国家有关安全规定，认为窗户应该朝外开，这样，学生在教室里玩闹时便不会因窗户而受伤。为此，学校出具了安监部门的检验报告，证明教学楼的窗户设计是符合国家有关

安全规定的，窗户内开是为了防止学生关窗时跌出窗外。

同时，学校对班主任提出了专项工作要求：向学生强调，不要在教室里玩闹，以免再出类似事故。

然而，禁止学生在教室里玩闹是不可能的。不到一周，类似事故又发生了5起。

直到学校请来专业人员，将窗户锐利的角磨成圆角，消除了这一安全蚁穴，此类安全事故才被根除。

案例中，内开窗户锐利的角多次划伤学生，被家长质疑教室设施设备不符合国家有关安全规定。此时，学校出示安监部门出具的检验报告，消除了家长对产品质量的疑虑。

非常难得的是，学校并没有因为有安监部门的检验报告，便心安理得地拒绝整改，而是主动作为，先后采取了两个措施。

一是对班主任提出了专项工作要求——加强管理，控制教室里的玩闹现象，最大限度减少乃至消除此类安全事故。但是，因安全隐患并未马上整改到位，教室里的玩闹现象无法完全禁止，在不到一周的时间内，类似安全事故又接连发生了5起。

二是聘请专业维修人员，利用休息时间，用砂轮将窗户锐利的角磨成圆角。至此，此类安全事故才被完全杜绝。

三、安全密码：及时清除安全蚁穴

1. 增强清除蚁穴的责任感

学校要切实执行一岗双责的管理制度。所谓一岗双责，是指教职工在履行教育、教学岗位职责的同时，履行安全管理和安全教育职责。

学校要明文规定所有工作人员的安全工作职责，并通过专题宣讲会、专题讨论会，增强广大教职工的安全意识；通过签订安全责任书、组织“安全大如天”的宣誓签名活动，增强他们的安全责任感，让“没有安全就没有教育”的思想入脑、入心，并形成惯性思维。

2. 实行蚁穴清除公示制

这是操作层面的事。即及时公示校园安全隐患，明确隐患整改的分管领导、责任部门、具体责任人，明确整改期限，让全校教职工来监督整改落实情况。

如果安全隐患涉及楼房改造，会影响学生的正常学习生活，则应在假期集中整改，并将相关安全隐患书面告知学生和家长，提醒学生注意防范，让学生和家长来监督整改落实情况。这样的公示制度旨在自我加压，按期整改。

3. 实行隐患整改责任追究制

这项制度的实施可对相关工作人员产生一定的威慑作用。

责任追究制的制定应充分考虑学校的具体情况。比如，做得好的可以在绩效奖的发放上予以体现，可以在评优评先、评职晋级方面适当体现，等等；造成严重后果的，可以考虑采取行政处分、工资降级等重大处罚措施。

如果能够做到以上三点，安全蚁穴就一定能及时清除。

11. 设置校园警务室

一、安全囧境：外来安全威胁，学校无力面对

有一类安全风险，学校是很难管控的。这便是校外不法分子闯入校园，伤害师生员工。

面对穷凶极恶的不法分子（或流窜作案的惯犯，或神志失常的精神病人等），为了保护学生，学校教职工不计个人生死，与不法分子以命相搏，即使付出惨重的代价，也依然无法有效阻止不法分子对学生的伤害。

二、典型案例

男子吸毒后闯入校园，砍伤 8 名学生

2014 年 5 月 20 日中午，一名男子闯入湖北省麻城市五里墩小学，手拿菜刀砍向正在玩耍的学生，造成 8 名小学生受伤。

中午 12 点 20 分左右，该男子从校门进来，沿着水泥路朝办公楼走去，中途左转朝教学楼走去，来到教学楼走廊一、二年级教室中间的位置时，突然掏出菜刀，向在走廊上玩耍的学生砍去。由于事发突然，学生根本来不及躲避。这名男子专砍学生的头部，一人砍一刀，学生尖叫着四处逃散，场面极为恐怖。二年级学生玲玲回忆说："他先砍别人，然后向我砍过来，我只觉得头上'轰'的一声闷响，吓得赶紧往教室里跑，接着他又去砍其他同学了。"

正在办公室里休息的六年级数学老师丁某，听到学生惊恐的喊

声——“砍人啦”，马上跑出办公室，看到政教主任邹某正拿着一把锄头追赶着一名手持菜刀的男子，便迅速拿起一把铁锹追了上去。

很快，邹某便追上了行凶者，一锄头将他打倒，丁某一铁锹打了过去，两人将歹徒围起来，用锄头、铁锹阻止他反抗。接着，其他老师纷纷赶到，将男子手中的菜刀夺下，将他双手反扣死死摁在地上。

随后，老师们分成若干小组，分别将学生送往市人民医院抢救，并打电话报警。

经警方调查，该男子姓陈，福建罗源人，行凶动机不明。事发后陈某尿样冰毒检测呈阳性，应该是刚刚吸食过毒品。陈某有吸毒史，曾于2006年、2011年因吸毒被罗源县公安局行政拘留过。

这是一个典型的外来不法分子对校内学生造成重大伤害的案例。凶手与学校师生本无瓜葛，他的人生经历、生活轨迹与五里墩小学也毫无关系，是吸毒让他成了魔鬼、成了凶手。

作案前，他刚吸过毒；闯进校园后，他疯狂作案，专砍学生头部，一人砍一刀，丧心病狂，毫无人性。

得知消息的学校领导和老师迅速从办公室里冲出来，就近拿起锄头、铁锹与歹徒搏斗，制服了歹徒，避免了更大的伤害。老师们临危不惧、勇斗歹徒的行为彰显出老师的责任与担当。

事发后，犯罪分子陈某受到了应有的法律制裁。

三、安全密码：设置校园警务室

为了应对外来不法分子的巨大威胁，学校应强化与当地公安局、派出所的联系，请求他们在校园内设置警务室，以震慑不法分子。

1. 警务室要标准化

为了营造安全氛围、震慑不法分子，校园警务室一定要是标准化警务室，无论是墙面颜色、内外部装饰、警校联系箱，还是警务宣传栏、警务公示栏等，都要和街道、社区警务室一模一样。相关装备也要按标准配备，必须配备电话、报警装置、强光手电筒、金属探测仪等；必须配备警察日常办公的办公桌椅、资料柜，接待用纸、笔等。

2. 扩大校园警务室的社会影响

为了形成有效的震慑力，在校园警务室建成之后，校方要和警方一起广而告之，广泛宣传，使校园警务室家喻户晓。

建议开展下列形式的活动。

①给所有学生家庭印发“校情快递”材料——将警务室的建设情况、装备情况、民警承诺等告诉家长，并请家长向社会广泛宣传。

②设置警务接待日。比如，将星期三设置为警务接待日，欢迎学生、家长、老师和警务室民警开展互动活动，扩大影响。

③开展护校护学活动。在上学、放学等人员集中时段，邀请民警到校门口及附近指挥来往车辆、维持治安、保护学生安全。以此向不法分子宣示：学校有警察护着呢，别打学校的歪主意。

④请民警参与对学生的法制安全教育。即通过请民警做讲座、参与处理师生财物被盗案件等，形成“有事找警察”的校园氛围。

3. 举行警校联谊活动

为了震慑不法分子，学校还应定期和公安、武警、消防官兵开展联谊活动。比如，邀请消防官兵来校举办篮球友谊赛，组织消防安全演练；邀请武警中队的干警来校进行会操表演，检查、收缴管制刀具；邀请公安民警与师生开展座谈，解答师生的疑惑；等等。

当然，举行这些活动之后，一定要在电视、网络、报纸等媒体上适当宣传，向全社会展示警务室的护校行动。

12. 严管校园欺凌

一、安全囹境：校园欺凌触目惊心

校园欺凌是指甲学生施加于乙学生的欺凌行为。

它既可能发生在上学期间，也可能发生在放学之后；既可能发生在校园内，又可能发生在校园外；有时是一个人欺凌一个人，有时是众人欺凌一个人。

校园欺凌会使受害者感到肉体的痛苦，受到心灵的摧残。

通常而言，欺凌者不会认为自己是错的，而受害者则不敢反抗。

校园欺凌行为常常触目惊心：残忍而理直气壮，凶暴而无所顾忌；受辱而默默忍受，被欺而不敢告发。

二、典型案例

热传 QQ 空间的校园欺凌视频

2015 年 11 月 23 日下午，QQ 空间里热传着一个视频——一名中学生被两名同学轮番掌掴的视频。

据了解，这个视频发生在甘肃省山丹县第二中学校外，打人者与被打者均为该校学生。

开始时，一名身着蓝色校服、扎着马尾辫的女生站在小巷的墙角处，面色灰暗，一脸恐惧。另一名身着同样校服的小个儿、短发学生挽着袖子，上来就是一巴掌狠狠地打在马尾辫女生的脸上，直打得她一个趔趄站立不稳。

接着，视频里又出现了一名身背黑白相间条纹书包的高个儿、短发学生，她跳跃着在马尾辫女生的脸上左右开弓，嘴里吼着“你敢打我吗？你敢打我吗？”连续抽打了10多记耳光。

而被打的女生一直沉默着，始终未还手，只是不停地后退着。

短短6分多钟内，马尾辫女生共计被打38记耳光，但她未做任何反抗。两名欺凌者一边欺凌同学，一边嬉闹，表情轻松自然。

这起事件，系众人欺凌一个人，是典型的校园欺凌。

在施暴过程中，欺凌者既理直气壮，又轻松自然，丝毫未认识到自己是在做错事；被欺凌者不敢反抗，不敢报告师长，没有维护自己正当权益的意识。

三、安全密码：严管校园欺凌

校园欺凌严重扰乱了校园秩序，给被欺凌者身心造成了难以磨灭的创伤，让欺凌者人格扭曲、步入歧途。因此，学校一定要严格管理，杜绝校园欺凌行为的发生，还校园一片纯净的天空。

1. 理清校园欺凌的种种表现

学校要在学生大会上、校园网上、公示栏里明确告诉全校学生，下列行为属于校园欺凌行为，任何人不得触犯。

①喊侮辱性绰号，用污言秽语呵斥同学，传播关于同学的消极谣言和闲话，中伤、讥讽、贬抑同学。

②对同学掌掴、拳打脚踢、推撞绊抓、拉扯头发。

③抢夺、敲诈、勒索钱财，或损坏同学的个人财物，如教科书、衣裳等。

④绘制关于同学的侮辱性图画。

⑤恐吓、威逼、迫使同学做他不想做的事。

⑥故意让同学遭遇麻烦，如让同学遭到老师批评、遭到纪律处分等。

⑦拉帮结派，孤立、排挤同学。

⑧在网络社交媒体上发表人身攻击言论。

…………

2. 严格执行校园欺凌的纪律处分措施

学校应把校园欺凌行为纳入纪律处分的范畴，并在学生集会或班级讲评时反复宣讲纪律处分条例。

一旦发现校园欺凌行为，要马上给予相应的纪律处分，绝不姑息。若校园欺凌行为触犯了《中华人民共和国治安管理处罚条例》或触犯了《中华人民共和国刑法》，学校师生应主动报案，让公安机关来处理，以儆效尤。对屡教不改、多次实施校园欺凌和暴力伤害的学生，应登记在案，并将其表现纳入学生综合素质评价，必要时让其转入工读学校就读。对构成违法犯罪的学生，应根据相关法律法规予以处置。

广大中小学校应重新设立“开除学籍”的纪律处分条款。在校园欺凌行为中，凡品德败坏、情节恶劣、后果严重、影响极坏者，应考虑将其开除学籍。

3. 加强心理干预

校园欺凌会给受欺凌者造成极大的伤害，比如精神抑郁、注意力分散、感觉孤独、逃学、成绩下降，严重的还会导致自杀。

为此，学校应对受欺凌者进行积极的心理干预。

①引导他勇敢地面对校园欺凌。

②帮助他树立自信心。

③引领他参加社交活动，增强人际交往能力。

欺凌者也会受到伤害，也需要进行心理干预。

①引导他分清是非、明辨善恶，分清大胆与逞能的关系，告诫他不要拉帮结派、惹是生非、打架斗殴。

②教育他遇事要冷静思考、协商解决，不要因为一些鸡毛蒜皮的事而大动肝火、大动干戈。

③努力改变其狭隘、自私、冷酷的消极心理，制止其以强凌弱、仗势欺人、伤害他人的消极行为。

13. 组织好晨检、午检

一、安全囧境：面对传染病，或风声鹤唳，或云淡风轻

近些年，无论是面对SARS病毒、H1N1病毒，还是H7N9型禽流感病毒，总是有人草木皆兵，亦有人云淡风轻。

草木皆兵者过度宣传，令人风声鹤唳，即使是普通感冒也让人心神不宁。如果感冒人数较多，即使并无流感病例，也决定全班放假，甚至全年级、全校放假。殊不知，如此作为，可能会引发全社会的恐慌。

云淡风轻者则不以为虑，对领导布置的预防措施不重视、不落实。如有学生感染病毒，甚至因此死亡，则悔之晚矣！

二、典型案例

防治措施不力，SARS病毒蔓延

2003年“非典”肆虐期间，全国上下如临大敌。

可是，河北商贸学校的领导和老师，思想松懈，未按要求实行封闭式管理和晨检、午检。不仅如此，该校甚至照常举行集会活动，先后组织300多名毕业生和用人单位进行就业供需洽谈。

4月9日至4月28日，陆陆续续有21名在外实习的毕业生返校办理毕业手续。其间，学校没有按要求对返校学生采取防治措施。

4月28日，学校集中给272名学生办理毕业手续。

之后，学校一直未实行严格的封闭式管理，直至“非典”疫情在学校

里传播和蔓延。

截至 2003 年 5 月 20 日，学校出现了 3 例“非典”病例、2 例疑似病例，留院观察 3 人，对 500 名师生进行隔离排查。

这是一个对抗上级安排，不重视、不作为，造成多人感染“非典”的案例。

2003 年是“非典”肆虐的年代，很多人对此记忆犹新。那时，全国各地都非常重视“非典”防治，党中央、国务院更是三令五申，要求全员参与“非典”防治。可是，河北商贸学校领导思想松懈，未按规定实行封闭式管理，照常举行各种集体活动，致使 SARS 病毒蔓延，多人感染。

它警示我们，面对传播快、死亡率高的传染病，我们要高度警觉，采取得力措施，防患于未然。

三、安全密码：组织好晨检、午检

面对来势汹汹的传染病，学校该如何防范呢？

1. 健全疫情防控机制

学校是传染病的防控主体，应协调建立相关工作机制。

①建立各方人员联动机制。即老师、班干部、宿舍管理员、校医、门房保安等，一旦发现传染病症状，要相互转告，立刻上报。

②建立家校互通机制。即班主任、家长要及时把相关学生和身边其他人员出现的疫情告诉对方，迅速采取防控措施。

③建立身体异常报告制度。即一旦老师身体出现异常，立刻主动上报；一旦同学出现传染病症状，班长、卫生委员等要立刻报告班主任，然后逐级上报，并采取治疗措施，控制事态发展。

2. 组织好晨检和午检

这是专门针对传染病的预防措施。

无论是 SARS，还是 H7N9 型禽流感，其主要症状都是头痛、发烧、咳嗽。所以，它们虽然来势凶猛，却又很好监测。只要我们切实做好了晨检、午检工作，就一定能及时发现、及时治疗。

学校应要求所有学生自备体温计，随身携带。

学校应对各教学班提出书面要求，安排专门时间，于上午第一节课之前、下午第一节课之前，分两次组织学生测量体温，安排卫生委员现场登记，及时上报。

晨检、午检登记表

班级：

姓名	月 日				月 日				月 日				月 日				月 日			
	晨检		午检		晨检		午检		晨检		午检		晨检		午检		晨检		午检	
	体温	咳嗽	体温	咳嗽	体温	咳嗽	体温	咳嗽	体温	咳嗽	体温	咳嗽	体温	咳嗽	体温	咳嗽	体温	咳嗽	体温	咳嗽

班主任签字：

备注：1. 此表由各班班主任填写。初中、高中可安排卫生委员填写，班主任审核签字。2. 姓名栏为本班全体学生。体温一栏填写体温表测量的准确数据。咳嗽一栏，若无症状打“√”，若有症状打“×”。

3. 教育学生掌握必要的防范措施

传染病的传染途径主要有飞沫传播、密切接触传播、非直接接触传播等。预防传染病的一般性措施如下。

①开窗通风，保持室内空气畅通新鲜。

②做好教室、办公室、寝室、家庭等处的卫生。

③养成良好的卫生习惯，勤洗手，不随地吐痰。

④养成良好的生活习惯，不吸烟，不酗酒。

⑤注意锻炼身体，提高身体素质，劳逸结合。

⑥天气冷热变化时，及时加减衣服，防止着凉。

⑦体弱之人、有慢性病的人不要到人多拥挤的地方去。

⑧传染病发生时，感染者应隔离，不到公共场所去，以防传染他人。

⑨发现有人患传染病时，要马上报告老师。

而禽流感的预防，还要注意以下几点。

①不要直接接触活禽、鸟类。若接触过，要用肥皂洗手。发现病（死）禽、畜，不要自行处理，应报告有关部门。

②不要自行宰杀禽鸟，不接触、不购买无检疫证明的禽类产品。

③生禽、鸡蛋等一定要烧熟煮透后才能食用。

④在食品加工、食用过程中，要生熟分开，避免交叉污染，处理生禽、畜肉的案板、刀具不能用于处理熟食。

⑤若有发热及呼吸道不适症状，应戴上口罩，尽快就诊，并告诉医生发病前有无外出旅游或与禽类接触史，在医生指导下正规治疗和用药。

14. 门房重地，严防死守

一、安全囹境：安全防范不严，歹徒潜入校园伤害师生

在学校安全管理中，常有教职工防范意识不强，学校防范措施不严，从而导致学生伤害事件发生。

比如，门房保安工作疏忽，导致不法分子闯进校园肆意伤害学生；操场巡逻保安离开岗位，值周巡察的领导和教师未履行工作职责，导致歹徒潜入操场伤害学生；教师离开课堂，歹徒闯进教室挥刀猛刺学生；食堂工作人员离开岗位，歹徒来到食堂，在饭菜里下毒，造成学生食物中毒。

还有，课间或午间休息时，门房保安未予盘查、登记，精神病患者进入校园，或者来到教室里，无缘由地毒打学生；或者将幼小的学生推（扔）下楼，造成学生重伤；或者来到教师办公室，突然向教师发起攻击……

二、典型案例

保安上厕所时，不法分子溜进校园

一天下午，某校 901 班正在上体育课。

流窜人员包某从学校大门进入。当时门房保安正好上厕所去了，没有发现。

这名流窜人员迅速溜到了操场上，见有学生在踢足球，便边看边无聊地在球场上溜达。突然，包某被背对着他，边退边用胸接球的学生万某给撞了一下。

包某顿时怒不可遏："小子，你找死！"说罢，一脚向万某踢去。万某受伤倒地，痛苦地呻吟。包某并未住手，又跑上来，狠狠地踢了万某几脚。

体育老师远远地看见有人在殴打万某，便招呼正在踢球的十几名男生跑过来制止。包某见学生人多，迅速逃离现场。

事后，老师发现打人者不是学校里的人，就赶紧报案。包某很快就被抓获。连同在别处犯下的累累罪行，包某被判有期徒刑 15 年，赔偿万某医疗费 1 万元。

因为门房管理存在过错，学校主动向万某家长道歉，并给予万某 1 万元的经济补偿。

这是一起由门房保安工作疏忽导致不法分子闯入校园伤害学生的案件。

上厕所，似乎是保安离岗的正当理由。其实不然，无论理由多么合理、情况多么特殊，门房保安都不能缺岗。当然，我不是说保安不能上厕所，保安上厕所期间，可以临时委托一位教职工代行保安职责。这样，流窜人员包某就不至于如此从容地进入校园。

好在体育老师及时组织学生制止了歹徒包某的暴行。

包某归案后，受到了应有的法律制裁。学校因门房管理存在漏洞，承担了一定的管理责任。

三、安全密码：门房重地，严防死守

为了防患于未然，我们务必加强校园关键地方的管理。如门房、学生宿舍等地方，要严防死守，杜绝不法分子进入校园或宿舍，将流窜作案的惯犯、精神病患者、流浪的疯狗等拒之门外。

具体措施如下。

①实行封闭式管理，完善校园安全巡护制度，安排保安 24 小时值班巡逻。

②实行进校准入制度。凡是陌生人要进学校，必须有教师出来接应。若是教师的亲戚朋友来访，需要教师给门卫打电话，方可放入。若是学生家长来访，门卫需先给教师打电话，经教师证实担保，方可放入。

③严格实行来客来访登记制度。无论是谁，无论是什么原因，只要他想进入校园，就必须如实登记。登记内容包括姓名、电话、工作单位、进校原因、校内接应人员、担保人，等等。

④配备防身器材。学校门房和保卫科必须配备下列器材：电子防暴器、强光手电、防暴警棍、催泪喷射器、对讲机、防暴钢叉等。防暴钢叉要放在门卫值班室，以应对突发情况。防暴警棍、催泪喷射器由专职保安随身佩带。其他器材应妥善保管，确保随取随用。

⑤建立学校、社区情报互通机制，及时掌握周边地区的治安情况。密切学校与派出所的联系，建立校园特勤紧急处置工作机制。

⑥建立相关应急机制。

一旦不法分子硬闯校园，门房保安（或门房附近的老师、学生）要处理好以下事宜：

想办法通知学校领导，启动应急机制；拨打 110 报警；当事人（首遇责任人）和学校派出的专人与之周旋，保护、疏散学生；控制校门、事发点、学生活动场所等，控制局面，严防事态扩大；及时与上级有关部门联系，按照有关指示进行有效处理。

15. 做好安全应急预案

一、安全囹境：没有安全应急预案，导致处置失当

发生学生安全事故后，常常因为没有安全应急预案，善后措施失当，从而导致不良后果：或使事态进一步恶化，伤害进一步加重；或出现新的矛盾，善后措施不能顺利实施；或未能亡羊补牢，让师生牢记教训。

比如，学生中午私自下河游泳，遭遇溺水事故，幸运得救。事后，学校和老师仅对学生做了一番安抚，未通知家长，未对学生进行教育。如此善后，该生还有可能出现类似安全事故。又如，暑假期间，学生在家里与人打斗身亡，班主任知道后，到学生家里去慰问，遭到学生亲属的责难，说是学校没把学生教育好。再如，为解决学生间的严重矛盾，老师在未请示领导、未向领导求助的情况下，独自请来双方家长协商。结果，双方家长在办公室大打出手，甚至误伤了老师……

这些都是因为没有安全应急预案造成的。

二、典型案例

孩子被同学抓伤，家长向学校讨要说法

2017 年 5 月 11 日，晚自习前，我班上的学生陈某和周某由玩闹发展成打斗，周某的胸前被抓出两道深深的血痕。打斗正酣时，晚自习老师来到教室，制止了学生的打斗，并把两人喊至办公室进行教育，在稳定他们的情绪后，对他们进行了必要批评。同时，晚自习老师也察看了周某的伤

情，觉得只是皮外伤，便嘱咐周某去医务室弄点儿药擦擦。

当晚8点50分，学生下晚自习回家后，周某家长发现孩子胸前的抓痕，便给我发来短信，陈述伤情，并向我讨要说法："为什么孩子受伤后这么长时间，没有人告知家长学生的伤情？"但是当晚我在休息，并未看到周某家长发给我的短信。

第二天早上，我一进教室，班长便告知我陈某和周某打斗的事件，我立马给周某家长打电话，通知家长把孩子带到医院去检查，然后通知陈某家长来校面对面商谈治疗费问题。此时，我才发现周某家长头天晚上发给我的短信。

很快，周某家长来到了学校。让我没有想到的是，她一不谈孩子的错误，二不谈治疗费问题，三不去找晚自习老师理论，单是向我这个班主任讨要说法："孩子受伤近两个小时，未通知家长。要是孩子受了内伤，岂不是'命没了'家长还不知情？"

我向家长保证："以后，若是孩子受伤，一定及时通知家长。"

在得到我的保证后，家长离开了学校。

这是一个缺乏应急处置常识，没有应急预案善后导致处理失当的典型案例。

在这个案例中，家长向班主任讨要说法的原因是班主任未及时把学生的伤情告知家长。

家长需要的是学校的承诺，至于治疗费、学生双方的矛盾、学生的教育等，她却没有过多关注。看似不可理喻，却准确抓住了老师工作的漏洞 —— 未及时告知孩子的伤情。

晚自习老师缺乏安全事件应急处置的基本常识 —— 发生学生伤害事故后，首先是及时治疗，其次是马上告知家长，报告学校领导。

三、安全密码：做好安全应急预案

发生学生伤害事故后，如果没有安全应急预案，相关老师和领导便只能凭个人经验来处置，而个人经验往往不靠谱。

提前做好安全应急预案，发生学生伤害事故后，按预案行事，就能正确善后。安全应急预案包括以下三个方面的内容。

1. 制定安全应急预案

安全应急预案的核心内容有三个。第一，明确相关工作人员的职责，包括领导小组的职责和工作小组分工。第二，明确规定应急处置事项。第三，及时发布准确信息，还原事件真相。重大学生伤害事故发生时，要及时向社会各界发布准确信息。一是主动联系上级行政主管部门，主动联系媒体，召开新闻发布会，公布事件真相。二是召开全校学生大会、全体教职工大会，还原真相，避免猜测式信息、谣言式信息的传播。

下面是我们学校火灾事故应急预案的内容。

学校火灾事故应急预案

一、成立应急领导小组。

成员：校长，分管副校长，政教主任、副主任，总务主任、副主任……

职责：A. 启动应急预案，指挥有关教师立即到达规定岗位。

B. 立即停止教育、教学活动。

C. 报告消防部门及教育行政部门，听取上级指示。

D. 根据需要对师生员工进行疏散。

E. 组织抢救伤员。

二、成立应急工作小组。

成员：（略）

分工：（略）

三、应急处置事项。

A. 发生火灾时，在场教职工迅速切断电源，及时拨打 119。

B. 首遇责任人立即报告学校领导，触发启动应急机制，并报上级主管部门。

C. 迅速疏散学生，将其撤到安全区域。

D. 积极配合消防人员灭火。

E. 采取有效隔离措施，防止火势蔓延。

2. 人人都有触发应急机制的心理准备

重大安全事故发生时，人人都有触发应急机制的责任，个个都要有心理准备。在场教职工或首遇责任人，应立即打电话通知学校领导，触发启动应急机制。

3. 面对轻微的学生受伤事故，教师应有必要的应急反应

在实际工作中，多数教师不会遇到严重的安全事故，但一定会碰到擦伤、抓伤等轻微的学生受伤事故。对此，我们绝不能疏忽大意，放任不管，要有正确、必要的应急反应。

一是要及时告知家长。若有明显伤痕，或流血较多，应请家长来校察看孩子的伤情，把孩子带回家治疗。这是所有教师都必须做的基本功课。

二是提醒学生及时处理伤口。即使伤痕不明显，教师也要提醒学生或者亲自护送学生去医务室就诊。若医生认为应该去医院治疗，应马上通知家长，告知伤情，并把学生送往医院。

三是及时告知领导，告诉年级主任（或政教主任、分管副校长），和领导一起面对学生的伤情，共同协调学生之间、家长之间的矛盾。

建好班级安全屋
—— 优化班级安全管理措施的15个策略

安全模式

II

班集体，是校园架构的基本单元，是学生校园生活的基本形式。几十名年龄相仿、性格各异的孩子朝夕相处，如何才能保证他们的人身安全呢？

请开启第二种校园安全模式——建好班级安全屋，即采取设置安全预警员、组建班级安全委员会、上好安全第一课、编制学生异常情况手册、特别关注问题学生、收缴管制刀具、增强学生的规矩意识等策略，优化班级安全管理措施，为学生的安全成长保驾护航。

16. 成为学生的靠山

一、安全囧境：学生遇到麻烦事不向老师求助

在安全管理工作中，我们经常会碰到这样的事：学生遇到麻烦事或者人身安全受到威胁时，宁愿向调皮捣蛋、不三不四的人求助，也不向老师求助。

原因何在？

权威调查表明，在学生心目中，同学关系远比师生关系重要。

作为老师，我们不妨回顾一下自己的求学经历，无论是在初中阶段、高中阶段，还是在大学阶段，确实是同学关系重于师生关系。

为什么学生不信任老师？为什么同学关系重于师生关系？

原因有以下三个。

第一，老师坚守师道尊严，高高在上。

第二，老师不能解决学生的困惑。

其实，老师不仅要解除学生学习上的困惑，还要解决其生活中的困惑、思想上的困惑；否则，学生对老师的信任就会降低。

第三，老师不能为学生主持公道。

在校园生活中，学生可能会遇到不平之事，此时，老师应想办法为其主持公道。这既可以培养学生的正义感，又能使学生更加信任老师。可事实往往不尽如人意，很多学生遭遇不平之事时，老师并没有站出来主持公道。

学生不信任老师的直接后果是当面一套背后一套，是口服心不服，是有事根本就不让老师知道。

这会使平安班级的建设变得被动。

二、典型案例

同学间拳打脚踢，老师未能主持公道

小陈是我多年前教过的学生，现在我们依然有联系，他时不时会约我出去吃饭，但有一件事，我一直觉得愧对他。

一天，他被班里的两名同学小林和小龙打了一顿，而作为班主任的我，竟未能给他主持公道。

事情是这样的。

放暑假那天，他们三个人一起回家。

回家途中，小林突然说："小陈，你是不是曾经在周老师那儿告过我的状？那次我考试偷看，怎么被老师知道了？此事只有我们三个知道。"

"没有哇！我们关系这么好，我怎么会告密呢？"

"还说没有，一定是你！"小龙在旁边气愤地帮腔。

"说没有就没有！反正我不会干这种不仗义的事！"

"那为什么老师提到考试舞弊时，总是盯着我们两个看？"小林说。

"说没有就没有！"小陈也气不打一处来。

…………

争吵很快就演变成了打架，小陈脸被打肿，鼻子被打出了血。

几天后，小陈的父亲通过电话（那时还没有手机）向我反映了这件事，还问小陈有没有向我告密。

我当即表态，一是小陈不曾向我告密，二是我并不知道小林舞弊的事，我批评考试舞弊是另有所指。我向家长表示，下学期开学后，一定好好批评小林。

可是，等到又一个学期开学时，我早就将这件事忘得一干二净。

在若干年后的一个饭局中，小陈向我提起这件事，并说，他至今未能原谅当年的同学。我这才隐隐约约地想起此事，并当即向小陈道了歉。毫

无疑问，我没能替小陈做主，使小陈的心灵受到了创伤，好在他宽容了我的无心之过。

这是一个典型的未替学生主持公道的案例。

在这个案例中，小陈被同学怀疑泄漏了他考试舞弊的秘密而遭到殴打。

小陈被打之事发生在放暑假回家途中，作为班主任，我虽无法制止，但事后应该为他主持公道。然而，我竟然忘了此事！

后果极为严重，导致小陈和小林同学二十几年关系紧张，形同路人，也让我心有不安。

三、安全密码：成为学生的靠山

要控制此类安全风险，我们就要成为学生的靠山。作为老师，我们要信任学生，为学生排忧解难，主持公道，成为学生信得过、值得依赖的人。具体做法有三。

1. 亲近学生

学生在人格上和老师是平等的。如果我们总是高高在上，一副盛气凌人的样子，学生避之唯恐不及，又怎会亲近、信任我们？所以，我们要放下师道尊严的架子，亲近学生。

在实际工作中，我们可能会因为学生的学习表现差、纪律表现差，就不看好学生，进而不信任学生。这会让班级管理变得很被动。只有平等对待每一个学生，发自内心地关爱学生，才能得到学生的信任。

2. 温暖学生

一是要尊重学生。虽然学生的思想不成熟，思维不缜密，但他们的看法必须受到尊重。对学生不大正确的言行举止，千万不要断然否定。要在充分理解的基础上，通过耐心沟通，正其言，端其行。

二是要及时安抚学生。学生和家长闹别扭了，要和家长适时沟通；学生之间闹矛盾了，要及时化解；学生成绩退步了，要帮助其分析原因……这样，学生遇到不惑、不解、不快时，才会向我们吐露心声，我们也才能及时掌握学生的思想动态。

3. 主持公道

在学生遭遇不公平的事后，老师要第一个站出来主持正义，还学生以公道。比如，学生被高年级同学欺负了，被某某老师误会了，被校外人员打了……千万不要在学生最需要我们的时候撒手不管，千万不要在关键时刻视而不见。

一旦我们成了学生的靠山，学生就会及时把所知、所想、所感告诉我们。这样，我们的班级安全管理就会更有成效。

17. 依法依规执教

一、安全囧境：体罚和变相体罚现象时有发生

今天，学生、家长的维权意识已大大增强，各级教育行政部门对违法执教行为的督查空前重视，党政媒体及社会舆论对违规执教的监督氛围空前浓厚。

然而，在学生违纪或不服从老师管教时，老师依然存在体罚（或变相体罚）、罚款、强行没收学生的财物等违法行为。这是要不得的。体罚常直接导致学生受伤，而罚款、强行没收学生的财物易使学生心理崩溃，导致学生伤害事故发生。

二、典型案例

老师重重一巴掌，把学生的嘴、鼻打出了血

上午第三节课，某校化学老师钟某正在给学生讲解作业。突然，他发现小东同学在和同桌讲话，很明显，小东是主动讲话者，自始至终，同桌都没怎么理他。

开始时，钟老师以眼神示警，反复多次，效果不佳，小东仍然我行我素。钟老师便边讲课边走到小东的座位旁，用脚轻轻碰了一下小东的课桌，希望能引起他的注意，但是，小东依然如故，而且讲话的声音越来越大，像是和老师斗狠似的。

反复被小东的讲话声干扰，钟老师再也无法淡定，他怒气冲天，先是

猛地一拍讲桌，大喊一声："小东，你还有完没完！"然后一个箭步冲到小东的座位边，左手抓住小东的前襟，右手重重地扇了小东一巴掌……

顿时，教室里一片安静，大家惊恐地感受着钟老师的怒火。

很快，小东的鼻子就出血了，嘴也出血了。

见此情景，钟老师马上安排学生自习，亲自把小东护送到医务室，并打电话和家长沟通，给家长赔礼道歉，主动表示承担所有医药费。

这是一起典型的体罚学生事件。

老师未能控制好自己的脾气是这一事件发生的主要原因。事发后，老师主动和家长沟通，赔礼道歉，承担了学生的治疗费用，取得了家长的谅解。

三、安全密码：依法依规执教

规范教师言行的法律法规有《中华人民共和国教师法》《中华人民共和国义务教育法》《中华人民共和国未成年人保护法》《中华人民共和国行政处罚法》《中小学教师职业道德规范》等，还有各级教育行政部门制定的规定、规则、禁令。

一旦我们的教育措施有违法律规定，就极有可能导致学生伤害事故和教师责任事故发生。

因此，广大教职工务必牢记：依法依规执教。

1. 加强学习

教师要学习相关的法律条文，不违规违纪，不越雷池半步。要树立终身学习的观念，把读书当成一种习惯，把学习看作一种乐趣，把提高教育智慧当作自己的职业追求。

2. 优化教育用语

严禁在教育工作中使用"笨猪""笨蛋""傻瓜""王八蛋""老鼠屎"

等侮辱性词语，严禁使用“滚回去”“滚出去”“缺乏家教”“丢人”等粗俗语言，严禁采用罚站、罚蹲马步、罚跑步、罚抄写等处罚性措施，严禁把学生的课桌搬出教室，严禁当着学生的面训斥家长、当着家长的面训斥学生……

3. 增强人格魅力

教师是教人怎样做人的人，所以，要以身示范，言行一致，用高尚的人格来感召学生、吸引学生，培植学生向上的心智、昂扬的斗志。

4. 讲究教育方法

要宽严相济，善于发现学生细微的“好”，平等对待每一个学生，健全其人格，树立其面向未来的自信，让其“亲其师”“信其道”。

18. 发现苗头，立即行动

一、安全囧境：心存侥幸酿灾祸

我们身边有很多不安全的行为，比如飞速蹿下楼梯、骑自行车在校园中穿行、在光滑的瓷砖地面上快速跑然后凭惯性滑行……可能是因为这些行为司空见惯，我们总以为不会出事，于是看到时不提醒、不制止，心中却又暗暗祈祷："千万别出事啊！"

这就是侥幸心理。心存侥幸是会酿出大祸的。

班主任更不能心存侥幸，当我们听说某女生一个人趴在课桌上痛哭时，当听说某学生因考试成绩不理想用头撞墙时，当得知某学生要喊人来"教训"某人时，当得知某学生带有两尺长的砍刀时……我们应立即行动，马上去做学生的安抚工作，去制止学生的不安全行为，切不可掉以轻心。

二、典型案例

家长心存侥幸，学生炸断手指

成成是我多年前教过的学生，发生在他身上的一起安全事故让我至今记忆犹新。

成成的家长也是我校教师，他们家就在学校内。他从小胆子就大，天不怕地不怕。初中时，我是他的班主任。

多年前的一个正月初六的早上，我和妻子从老家返回学校，快到学校时，碰见 12 岁的成成，只见他一手拿着打火机，一手拿着几个大炮仗，边走边点炮仗玩。

“周老师，新年好！”看见我，成成非常亲热地打招呼。

“成成，新年好哇！怎么一个人出来玩？你爸爸呢？”见他一个人拿着炮仗玩，我不安地问道。

“爸爸在家里呢。周老师，你到我家去玩哪！”成成热情地邀请我。

“玩这么大的炮仗，小心受伤！”我提醒道，“要不你随我回去吧，我要到你家里去拜年呢！”

“我一个人玩会儿再回来！”他边说边快速跑开了，好像怕被我逮住似的。

来到宿舍，放下行李，我便到成成家去拜年。一阵寒暄之后，我对成成的爸爸说：“朱老师，你儿子正拿着几个大炮仗玩，我想带他一起回来，可他说要一个人玩会儿。”

“不要紧，男孩子嘛，野一点儿好！”朱老师很随意地说，“来来来，坐下喝茶！”

我在朱老师家坐了一会儿，便回了宿舍。

大约过了半个小时，校园里突然传来撕心裂肺的哭喊声：“爸爸，爸爸，我的手——我的手——”

我赶忙跑出去，远远地，发现成成左手血淋淋的，朱老师飞快地跑向自己的孩子。

…………

原来，成成放炮仗时，不小心炸到自己的手了，左手两个手指被炸断。

看着朱老师边流泪边数落儿子，我的心一阵抽搐！

这是一个因玩危险游戏而受到伤害的案例。

成成在没有家长看管的情况下独自玩炮仗，左手两根手指被炮仗炸断。

作为他的班主任，我亲眼看见他玩炮仗，虽出言制止，但没有采取更加有效的办法制止他的不安全行为。我也提醒了家长，可家长也没重视。

这是心存侥幸惹的祸！

三、安全密码：发现苗头，立即行动

涉及学生生命安全的事，我们不能心存侥幸，发现苗头，要立即行动，有效遏制安全事故的发生。

1. 要有“听风就是雨”的心态

也就是说，听见、看见有关学生安全方面的事时，应假设会产生严重后果，从而引起高度警觉。

如果没有高度警觉，我们就可能只是口头提醒一下，或是请别人关注事态的发展，甚至充耳不闻、视若无睹。等到造成严重后果时，已悔之晚矣！

2. 发现苗头，立即行动

也就是说，发现学生的行为存在安全隐患时，不等不靠，立马行动，采取紧急措施，用恰当的方式帮助学生规避安全风险。

3. 追求安全实效

即我们的工作要追求切切实实的安全效果。能解决问题，才叫有效；未规避安全风险，就是无效。如果我们采取的措施未能取得切实的效果，就应创新思维，调整措施，重新行动。

前面所述案例中，身为班主任的我，虽然对成成进行过劝诫，但没有产生实效。孩子跑开后，我没有采取进一步措施，转而告诉他爸爸，指望他爸爸去制止他的危险行为。他的爸爸也没有采取有效措施，终于导致了炮仗炸断手指的严重后果。

追求安全工作的实效，是安全工作的终极目标。

19. 平冤、平反“及时雨”

一、安全囧境：错怪学生的“误诊”现象时有发生

在学生管理工作中，常出现老师错怪学生的现象。寻根究底，原因有二。

一是老师考虑不周。老师批评学生，是因为学生表现不好，但有时候，我们看到的可能只是假象。比如，老师面向黑板板书时，觉得有人在下面窃窃私语，想抓只“出头鸟”，便猛地转身，正好看见某同学正从后面转身，嘴巴刚要合拢，一脸“坏笑”，于是不假思索地抓住他狠狠批评，以儆效尤。谁知下课后，他后面的同学竟说：“老师，你冤枉他了，是我让他帮我捡橡皮的。”

二是“案情”复杂。比如，事发之时，除了当事双方，并无目击证人，双方又各执一词，老师就很容易做出错误判断。又如，学生之间发生矛盾后，当事学生撒谎，甚至颠倒黑白，在缺少有力证据的情况下，老师难辨真伪。再如，老师的钱包被偷，一旦有蛛丝马迹，在急切、烦恼心情的支配下，老师很容易做出误判，冤枉学生。

“误诊”现象发生后，若不及时纠正，被“误诊”者可能会出现安全事故。

二、典型案例

被疑拿老师2000元钱，10岁小学生跳楼

2013年12月11日下午5点左右，因被怀疑偷了音乐老师2000元钱，

广东省江门市江南小学年仅10岁的五年级女生小敏从教学楼五楼跳下导致重伤。

当天中午，小敏没有回家吃午饭。12点15分，小敏妈妈接到班主任刘老师的电话，老师说要留小敏在学校吃午饭，有事要查一下 。

小敏妈妈问是什么事，刘老师说现在还不能说，但很快家长就会知道是怎么回事。

下午5点，小敏妈妈再次接到班主任刘老师的电话："你是不是小敏的妈妈？马上叫她爸爸来学校！"

"什么事，这么急？"

"你的女儿偷了2000元钱。"

"在哪里偷的？"

"在我的办公室里偷的。"

"什么时候？"

"昨天。"

"老师，没这回事的，你不要吓她。"小敏妈妈挂完电话，店门都来不及关，就和小敏爸爸一起开着三轮车冲向学校。

一两分钟后，和小敏在同一所小学读书的哥哥小吴放学后下楼时，看到从五楼跳下的妹妹躺在教学楼下面的水泥地上，景象凄惨，不敢靠近。

据悉，事件起因是12月10日，音乐老师谭某遗失了2000元钱，小敏被怀疑偷了这笔钱，遭到老师和警察的询问。

在ICU病房外，小敏父母见女儿还能说话，便问："小敏，你为什么跳楼？"

小敏说："我没有拿2000块钱，老师要报警，警察要抓我，我怕你们赔钱，就跳下去了。"

（来源：《南方都市报》）

这是一起因被冤枉而跳楼受伤的事件。

谭老师遗失2000元钱，随后报警，老师、警察先后对当日中午进出过谭老师办公室的小敏进行盘问，小敏受到老师、警察的问话后，担心自己被抓，担心父母赔钱，便从五楼一跃而下。

这起事件给我们的启示是：要重视被批评学生的反应，如果他反应激烈，一定要加以安抚，或者重新调查，一旦发现冤枉了学生，要立即停止调查，或立即为学生平反。

三、安全密码：平冤、平反“及时雨”

1. 细致工作，避免冤枉学生

在处理学生之间的矛盾或学生违纪事件时，务必克服先入为主的臆断，以及生搬纪律处分条例的简单粗暴。既要找当事人调查，弄清事情的来龙去脉，也要找知情人调查，用旁观者的证言来证明当事人说的情况是否属实，还要向科任老师、其他学生了解情况，然后综合判断主要责任人、次要责任人。

为了减少误判，可以组织一次或几次听证，让科任老师、学生代表、家长、学校领导等共同参与，更加准确地判断是非曲直。

2. 起清凉风，行及时雨

在处理学生之间的矛盾或学生违纪事件时，如果有学生不服，或有学生叫屈喊冤，一定要高度重视，要起清凉之风安抚学生的心灵，为被冤屈的学生行一场及时雨，为学生“平反昭雪”。

首先，要给学生申诉的机会，要耐心倾听。

其次，立即启动纠错程序。若学生真的被冤枉了，要立即还他清白。若学生已被纪律处分，要以班主任的名义向学校申诉，请求学校纠正错误处分。

即使没有新的证据证明学生的清白，也应停止对学生的处分。若不如此，将出现学生有理无处说、有冤无处申的情况，可能会给学生造成巨大的精神压力，甚至发生学生伤害事故。

这是维护校园公平、正义的表现，也是对学生成长负责的表现。

20. 上好安全第一课

一、安全囧境：刚开学就发生安全事故

谁都希望开学工作开门大吉，谁都希望安全工作“开门红”。

上至教育部，下至各级各类学校，无不重视开学安全工作。

2013 年 9 月 2 日，公安部与教育部联合下发通知，要求各中小学每学期开学第一周安排不少于 4 课时的消防知识教育课程。2014 年 9 月 1 日，上海市将每学期开学第一周确立为“安全教育周”。2014 年 9 月 1 日，人民网刊文称：开学第一课应该上成安全第一课……

然而，开门大吉、“开门红”谈何容易！更有甚者，一开学就发生重大安全事故。

二、典型案例

开学发生重大踩踏事件，校方称学生太兴奋起床太早

2013 年 2 月 27 日早晨，湖北省老河口市薛集镇秦集小学发生一起踩踏事故，造成 4 人死亡、7 人受伤的严重后果。

事故发生在学生宿舍楼里，这是一栋由教学楼改成的临时住宿楼，共有四层。知情学生介绍说：宿舍只有一楼楼梯口一个出口，事故发生时，学生拥挤在一楼和二楼楼梯口等待管理员开门。人越来越多，拥挤越来越厉害。突然，哗啦一声，大门被挤开了。前面的人来不及做出反应，就被后面的人推倒在地。紧接着，后面的人纷纷往前倒，重大踩踏、挤压伤害

事故发生了。

此时是早晨 6 点 15 分。

事发后，记者采访了学校负责人，该负责人说：由于刚刚开学，学生比较兴奋，起床时间比平时早了许多，不到 6 点就起床了。这时，因未到开门时间，宿舍楼一楼的大门还处于关闭状态，而管理员未在工作岗位上。

这起重大安全事故的原因是多方面的。学校没有组织好安全第一课，师生未绷紧安全这根弦，是重要原因。

学校没有组织有效的安全第一课，师生的安全意识欠佳。宿舍管理员未绷紧安全之弦，既没有在这栋楼里住宿，也未提前来到工作岗位上。学生则沉浸在开学的兴奋之中，未遵守作息时间，提前起床，在狭窄的楼道里拥挤，直至将大门挤开，结果造成重大安全事故。

另外，这栋楼的安全通道不符合消防安全要求，地方教育局和地方政府未及时排除这一重大安全隐患，存在管理方面的责任。

三、安全密码：上好安全第一课

为什么全国上下都极其重视安全第一课呢？

首先，上好安全第一课，有利于增强学生的安全意识。

在漫长的假期（暑假、寒假）里，学生的生活节奏相对慢一些，精神相对松懈一些，安全意识相对淡薄一些，若不在开学之初强化学生的安全意识，就会让班级安全管理工作变得很被动。所以，我们要尽力上好安全第一课，增强学生的安全意识。

其次，上好安全第一课，有利于警醒广大教师绷紧安全这根弦。

开学那几天，老师要处理的事务很多：组织学生报名注册、安排寝室住宿、组织学生分发教材、和未按时注册的学生家长联系、编排座位、布置教室……然而，要是出了安全事故，再忙也是白忙。所以，无论多忙，广大教师都要绷紧安全这根弦，上好安全第一课，将安全第一的办学思想落到实处。

那么，怎样才能上好安全第一课呢？

1. 领导要带头上好安全第一课

开学第一天，学校领导要督促班主任和安全课老师认真备课，上好安全第一课，相关管理人员要进班检查，跟班督促，保证每个班都把安全第一课上到位。

2. 安全课老师要上好安全第一课

安全课老师要结合教材内容，精心筹划，细心备课，认真组织，把开学安全第一课上成精品课、优质课。

3. 班主任要上好安全第一课

班主任要采取案例讨论、观看视频、主题班会等方式，上好安全第一课，并辅之以主题黑板报、专题手抄报等，强化教育效果。

4. 各学科老师要上好安全第一课

各学科老师应结合自身的教学内容，开展或长或短、或繁或简的个性化安全第一课。

5. 相关部门要上好安全第一课

学校政教处、保卫科也应根据自身的工作特点，组织开展特殊的安全第一课，如通过校园广播、国旗下讲话强调安全注意事项，通过专家讲座传授安全知识，通过应急演练提升应急避险技能，通过宣誓签名提高重视程度，等等。

我们相信，学校、班级、科任老师多层次、全方位、立体化的安全第一课，一定能夯实工作效果，确保师生安全，开创新学期安全工作的良好局面。

21.设置安全预警员

一、安全囹境：与学生分开时，我们无从得知学生的安全信息

班主任再精力充沛，也不可能时时跟着学生。能跟住一个学生，也不可能跟住所有学生。再说，老师也好，班主任也好，不可能所有的时间都和学生在一起。更何况，班主任也会因工出差，也可能请病假、事假。

二、典型案例

安全预警员及时报警，学生自杀未遂

2001年春季学期，我担任904班班主任。那是重点班，家长对学生的学习非常关注。

班上有一名男生，叫小维，他性格活泼，有文艺特长，但学习不够努力，考试成绩不理想。为此，家长甚是焦急。

5月21日（星期一）午休时，急促的敲门声惊醒了正在午睡的我。我开门一看，是我班的安全预警员小程。他气喘吁吁地说："周老师，不好啦，小维要跳楼！"我大吃一惊，边快速跑向学生宿舍楼，边向小程询问情况。

"小维说，双休日在家时，家长狠狠地批评了他，说他成绩太差，说他考不上重点高中……让家长无脸见人……说他活着就是丢人。所以，他不想活了……他爬到四楼楼顶，说要跳楼死了算了。"

了解了事情的原委后，我立刻打110报警，给校长、政教主任打电话报告险情，并请政教主任帮忙通知家长。处理完这些，我已来到了宿舍楼

楼顶，在离小维10米左右的地方停了下来。这是一栋老式宿舍楼，楼顶平展开阔。

我平静地说：“小维，是不是家长埋怨你，说你考不上重点高中，你就要跳楼？要是像你这样，我13年前就跳楼了，因为当年我也没有考上重点高中。”

他看着我，小声说：“可是我妈说，我考不上重点高中让她无脸见人！”

我知道我的话已经起作用了，便继续说道：“你妈的话是错的，错的你就没有必要听嘛！你看，我当年没考上重点高中，照样考上了大学，现在我已是全市闻名的语文老师了。你看，我这个没考上重点高中的人不是照样活得很精彩吗？小维，我行，你也一定能行！”

“我，我，老师……”说着，他一屁股坐了下来。

见此情景，我以迅雷不及掩耳之势，几个箭步飞到了小维的身边，抓住他的手臂，把他拥进怀里……

我和小维从楼顶下到四楼时，学校领导、110警员、同学们为我们鼓起了热烈的掌声。

这是一个成功化解重大安全险情的案例。

作为班主任，我非常有成就感，但我不敢居功，这多亏了我班上的安全预警员小程，幸亏有他。

危险时刻，班上的安全预警员发挥了巨大作用——及时将险情告知了我。

接到险情后，我立即拨打110报警，报告学校领导，迅速来到现场，现身说法，用我自己的成长经历向他证明考不上重点高中同样能活得很精彩，从而解开了他的心结，避免了一起重大安全事故。

三、安全密码：设置安全预警员

一般情况下，我的班上有两个安全预警员：一个负责行为安全预警，一个负责心理安全预警。

行为安全预警员负责学生的行为观察，负责设施设备的安全观察。一旦发现不好的征兆，马上向我报告。比如，发现两个同学正在激烈争吵、同学之间隐藏着较为严重的矛盾、几个同学正在打架（或正在谋划打架）、同学把管制刀具带到学校来了、同学违规抽烟酗酒、住读生翻墙外出夜不归宿，等等，马上报告给我。

又比如，发现玻璃窗破损了、寝室的门锁坏了、教室天花板上的吊扇坏了、凳子上的木棍（或铁棍）散架了变成了斗殴的器械、教室里的电源线破皮裸露了、挂在墙上的警示语或励志语松了，等等，立刻报告给我。了解到这些安全隐患后，我及时采取相应的防范措施，防患于未然。

同时，我告诉班干部、同学们，如果我不在学校里，或者大家不能及时找到我，可以将安全险情告诉其他老师，或直接报告学校领导。

这样，即使我不在学校里，安全预警员也可向其他老师求援。只要险情被人知晓，就有办法化解。

心理安全预警员负责关注同学心理方面的异常表现，一旦发现什么不好的征兆，立马向我报告，经过甄别，我对确有异常者予以帮扶。

什么是心理异常者？多数人会认为这是一个非常专业的概念，普通人是不容易做出判断的。在中小学里，心理咨询是一种工作岗位；在大学里，心理学是一门科学。让中小学校的学生干部关注学生的异常心理表现，岂非天方夜谭？

其实，我的设想不仅是科学的，而且是可行的。我让安全预警员重点关注三种表现，即常常自言自语、夜间难以入眠、语言表达突然异于平常。实践证明，这三种表现通常就是学生心理异常的表现。

安全预警员的设置，使我班避免了很多安全事故。

更令人高兴的是，安全预警员对同学安全的关注和关心还在一定程度上影响了其他同学，越来越多的人有了安全意识，他们会时不时地给安全预警员提供情报，为建设平安班级起到了作用。

22. 组建班级安全委员会

一、安全囧境：面对安全事故，学生的应急能力堪忧

发生安全事故后，若现场没有教师，多数学生的表现令人不安。

比如，有人手指被砸，指头肿胀，同学见之，露出痛苦的神情，就好像受伤的是他自己；有人额头受伤，脸上有血迹，同学见之，尖叫一声，现场气氛顿时凝重起来；有人摔倒昏迷，路过的同学惊恐万状，跑离现场，直到看见有人过来，才敢停下来，气喘吁吁、语无伦次地告诉别人；有人闹矛盾大打出手，同学见之，大多避之唯恐不及，除了几个胆大的人远远地瞅着，很少有人去报告老师，更没有人敢站出来制止。

面对已发生的安全事故，或正在发生的安全险情，绝大多数学生缺乏正确的应急反应，缺乏必要的安全应急能力。

二、典型案例

学生摔晕，同学惊慌失措

2002 年 5 月的一个早上，早读铃声已经响过，我班的王志、李圆顾不得漱口，匆匆离开寝室，跑下楼梯。

快到二楼时，王志一脚踏空，摔倒了，滚下二楼，“哎哟”一声，晕了过去。李圆见状，大惊失色，捂着嘴凑近大喊“王志 —— 王志 ——”，见他没有回应，顿时不知所措。李圆脸色惨白，瘫坐在王志的身边，呼吸急促。

大约过了 4 分钟，李圆才颤颤悠悠地站起来，扶着楼梯扶手，急促地

下到一楼。

恰巧，宿舍管理员正要到楼上去检查，见李圆表现异样，便关切地问：“同学，你怎么啦？”

“我——我——王志他——他晕过去了！”李圆结结巴巴地说。

“在哪儿？快带我去——”

宿舍管理员很快把王志背了下来，并对他进行了紧急救治，同时拨打120，并打电话将情况告诉我。

我接到电话后，边打电话报告家长、年级主任、政教主任、校长，边赶往学生宿舍楼。

很快，王志被送往医院，经过医生的紧急救治，脱离了危险，恢复了神智……

这是一个学生缺乏应急能力，未及时采取救治行动的典型案例。

李圆同学见同伴王志摔晕了过去，惊慌失措，六神无主，未能及时报告宿舍管理员，延误了救治时间。

幸亏宿舍管理员前来查寝，得知险情后，紧急处置，王志同学才得到了有效救治；否则，后果不堪设想。

三、安全密码：组建班级安全委员会

毋庸置疑，提高学生的应急处置能力是班级安全管理的重要内容。那么，怎样才能提高学生的应急处置能力呢？

1. 组建班级安全委员会

班级安全委员会由10个人组成。

主席一名，由班长兼任，全面负责指挥受伤学生的救助事宜。

医疗委员一名，要求他的家长或亲戚是医护人员，负责紧急联系医生，争取让受伤者得到及时救护。

交通委员一名，要求他的家长或亲戚会开车，或者能及时联系到车辆，负责将受伤者及时送到医院。

通信委员一名，允许他配备手机，以备不时之需。一旦发生学生伤害事故，老师又正好不在现场，他要及时联系老师，联系司机，联系医生。

法律委员一名，要求其家长或亲戚是法律工作者。必要时，邀请其家长或亲戚给学生讲解相关法律知识；在学生 QQ 群里解答学生的法律困惑；家长会上，给全班家长上法制课；遇到学生伤害事件时，从法律上对受伤学生进行援助。

安全预警员两名：一名行为安全预警员，一名心理安全预警员。

饮食安全委员一名，负责关注学生的饮食安全。

担架委员两名，要求身强力壮，必要时负责把受伤学生背（抬、抱）到合适地点。

2. 引导学生沉着应对

要告诉所有学生：发现有人受伤时，一定要保持镇定。若现场附近有老师，立即向老师报告险情；若现场附近有别的同学，应委托其赶紧去报告老师，去教室报告班级安全委员会，自己则在现场守候，并采取恰当的救治措施。

班级安全委员会组建后，我经常邀请具有专业知识的家长对成员进行专业培训，增强其安全意识，提升其应急救护能力，使其有效克服了突发安全事故后的惊慌失措，大大降低了突发安全事故的伤害程度。

2012 年，我班的明傅同学突发急性胆囊炎，由于救护及时，迅速康复出院。华春同学上体育课被标枪扎中，由于处置得当，他的伤情得以迅速好转。林冲同学吃垃圾食品中毒，由于治疗及时，很快恢复了健康……

我班的安全管理工作之所以游刃有余，即使发生了突发性安全事故，也没有产生严重后果，与班级安全委员会是分不开的。

更重要的是，这个工作还激发了学生的爱心，锻炼了他们的办事能力，培养了他们的责任感，提升了他们的综合素质。

23. 实行人盯人战术

一、安全囧境：老师不可能关注到每一个学生的安全

不少老师都有这样的感觉：无论用什么方法，都不能真正做到适时掌控学生的安全状况。

实行班级管理，全程跟班是最好的选择。然而，谁也不能真正做到全程跟班。

设置专职班干部，安排安全预警员，虽是不错的选择，但班干部、安全预警员责任心再强，也不可能关注到每一个同学的异常状况，因为他们的绝大部分精力是要用来学习的。

因此，无论我们如何关注学生的安全，总有失察之时。

而人盯人战术，则很值得我们借鉴。

二、典型案例

人盯人，挽回轻生者性命

2003 年 4 月 14 日（星期一）下午 5 点半，湖北省第二师范学院教育科学学院正在召开教职工大会。

突然，一名大三学生闯了进来，很紧张地说："不好啦，不好啦，我们班的小艳跑到楼顶上，要跳楼自杀……"

闻言，学院领导迅速做出安排：院长、书记带着两名心理学教授靠近学生做劝慰工作。班主任老师通知家长迅速来校（该生的家离学校

不远）……

情况万分危急，年轻的生命很可能转瞬即逝。好在情况上报及时，所有救援措施迅速到位。最后，在院长、书记及心理学教授的劝慰之下，小艳放弃了轻生念头，回到了师生中间……

据悉，闯进会议室及时报告险情的学生与小艳是室友，她们床挨着床。下午5点多，她回到寝室时，发现小艳趴在床上痛哭，并说："和他分手了！我心里好苦！不如死了好！"随后，迅速跑到楼顶。这位学生也快速跑上楼顶，随后，寝室其他几位同学也跟着跑了上来。她们好不容易才稳定了小艳的情绪，但小艳还是不肯离开楼顶回寝室。她便借口给小艳买水，示意其他同学继续和小艳沟通，然后离开现场，拨打120和110，并闯进会议室，向老师和领导报告。

这是湖北省第二师范学院的刘永存博士向我讲述的一个真实事件。

这是一个同寝室同学迅速反应，及时报警，学校领导迅速出动，院长、书记及心理学教授现场施救，挽救轻生大学生性命的成功案例。

据悉，该生所在班级，采取了人盯人的安全防护措施，即每名学生都有固定的安全关注对象，同时，自身的安全也被同寝室、同小组同学所关注。

三、安全密码：实行人盯人战术

人盯人战术，是一种把全班同学都视为安全预警员的做法。

1. 实行人盯人战术，关注彼此安全

一是把本班学生分成住读生、走读生两类，住读生以寝室为单位，每个人关注一名同学，循环关注，即A关注B，B关注C，C关注D，D关注E，E关注A。走读生则以居住区域为单位分成若干小组，采取同样的循环关注方法。这样，就形成了一个安全互助的链条，这个链条没有豁口，是一个闭环链条。即使某个学生没来学校（或者未履行职责），这个链条上

的其他环节也能够照常运转。

二是按照座位把学生分成若干安全互助组（这要求每个小组组员相对固定）。组内成员循环关注彼此的安全，一旦有异常情况，立即报告老师（或领导），立即采取行动。

两种人盯人战术同时实施，并行使用，可以最大限度地保证学生安全。

2. 用合适的评价，促使学生主动参与到人盯人的安全互助中来

比如，把同学间循环关注的效果当作综合素质评价的子项“公民素养”评价的一个依据，只要你关注的同学没有发生任何安全事故，或者出现了不好的苗头，但你能够及时报告老师，你的“公民素养”评价就适当提高。如果你没有很好地关注你的同学，同学出了问题，你不知情，或者没有报告老师，导致不良后果，你的“公民素养”评价就受到影响。

又如，在评选文明示范生、安全示范生、优秀学生、优秀住读生、优秀寝室长、优秀组长、优秀班干部等表彰对象时，可以把同学间循环关注彼此安全的效果当作依据之一，等等。

24. 编制学生异常情况手册

一、安全囧境：学生异常情况层出不穷

随着经济社会的发展，学生的生存环境变化越来越多，学生出现的异常情况也越来越多，其中，家庭背景特殊者有之——有的来自单亲家庭，有的是留守儿童，有的是隔代抚养，甚至有的是孤儿……心理状态不良者有之——有的特自卑、特敏感、特多疑，有的有厌学心理，甚至有人因失恋等原因产生轻生念头……有不良经历者有之——有的吸烟上瘾，有的常邀三五同学一起酗酒，有的曾经离家出走过，有的有小偷小摸的不良记录……有特殊疾病者有之——有的患有黄疸型肝炎等传染病，有的患有先天性心脏病、风湿性心脏病、心律不齐、癫痫……

这些异常情况，如果老师不及时弄清楚，由此引发的安全事故便会防不胜防。

二、典型案例

帮助学生改了小偷小摸的恶习

小海是我上一届教过的学生。刚进初中时，班里选举临时班委会，小海满怀希望地参加了竞选，但是在正式选举之前，却有人私下向我反映，小海小学时有小偷小摸的恶习，拿过别人的书、零食，还拿过别人的钱，偷过别人的自行车……

作为班主任，我知道，如果我不帮他改掉这一恶习，班里丢失钱物

的安全事故就会防不胜防。于是我对那个学生强调，此事不能再告诉任何人。然后，我就装作不知道，小海则顺利当选了临时班委会的体育委员。

为了帮小海改掉小偷小摸的恶习，我采取了以下三个帮扶措施。

一是指导他当合格的体育委员。我从如何吹哨、如何组织同学站队教起，而他很聪明，一学就会，干得有声有色。他干得最让同学佩服的事是成功选拔出班里的运动会种子选手。我引导他获得了体育老师的援助，每节体育课拿出20分钟时间组织单项选拔赛。另外，每次选拔赛我都会到现场坐镇，但并不干涉，全凭他一个人组织。

二是让他感受到集体的温暖。他生日这天，我组织全班同学以“养成好习惯”为主题开了一个冷餐会。会议第一项，祝小海等7名同学生日快乐（有7个学生的生日在9月）。第二项，引导大家列举身边的不良习惯。第三项，就吃零食的习惯进行讨论。这个活动，让他感受到了从未有过的集体温暖。

三是引导他树立正确的是非观。在他当选为正式班委会成员后，我找他单独谈过一次话：“听说你在小学时，拿过别人的东西，没想到你进了初中进步这么大，我真替你高兴。希望你明白，我这不是在揭你的疮疤，而是在警示你，切莫再犯类似的错误。”

上述努力，有效地维护了小海的自尊，促使他找到了自信，克服了小偷小摸的坏毛病，消除了班级丢失钱物的安全隐患。

这是一个成功转化学生，消除安全隐患的案例。

在整个教育转化过程中，了解学生的异常情况是前提条件，没有这个前提条件，我必然会手忙脚乱。

在了解到学生的异常情况——有小偷小摸的坏毛病之后，我采取了系列帮扶措施，让他感受到了集体的温暖，帮他找到了自信，维护了他的自尊，促使他严格要求自己、不断追求进步。

三、安全密码：编制学生异常情况手册

掌握学生的异常情况并非易事。有些学生和家长对异常情况，如遗传性疾病、上一学段的不良表现等讳莫如深。有些突发性异常情况，如急性胃炎、阑尾炎、胰腺炎等发生时，老师未在现场，不能及时掌握。

对此，我们编制了学生异常情况手册，并要求班主任及时填写，有效掌握了学生的异常情况。

1. 编制学生异常情况手册

将了解到的学生异常情况登记在册，编制成异常情况手册，作为班级安全管理的重要资料，随时翻阅，警醒自己，保证有异常情况的学生不出意外。

××学校学生异常情况登记表

日期	姓名	性别	年龄	班级	异常表现	住址	家长姓名	家长电话

××学校学生异常情况记载表

<table>
<tr><td>学生</td><td></td><td>性别</td><td></td><td>结对帮扶老师</td><td></td></tr>
<tr><td>异常
表现</td><td colspan="5">讲述人：　　家长签字：
老师签字：</td></tr>
</table>

针对有的家长对学生的异常情况讳莫如深的情况，班主任要通过家长会、家长探视日以及打电话等多种方式，向学生、家长说明掌握学生异常情况的重要性，动员学生、家长主动提供已经存在的异常情况，并承诺保密。

2. 动态管理学生的异常情况

对登记在学生异常情况手册中的学生，要随时关注，真诚帮扶。同时，当学生的异常情况完全好转时，则将其从异常情况登记表中删除。若有新的异常情况出现，则应及时增补。

3. 及时处理突发性异常情况

班主任要将班委会、团支部干部，寝室室长，小组组长，科任老师，宿舍管理员等都动员起来，请他们注意随时可能出现的学生异常情况。比如，坚持人数清点制度就是一个好办法。班主任的课自不必说，其他课堂可委托科任老师清点人数，也可安排学生干部清点人数。寝室里则由室长清点人数。一旦发现异常情况，要立刻报告，及时处置。

25. 特别关注问题学生

一、安全囧境：问题学生安全事故频发

当学生的异常情况严重到一定程度时，他便成了我们常说的问题学生。问题学生的教育难度较大，由此引发的安全风险常常让人猝不及防。

比如，老师找严重违纪、殴打他人的小池同学谈话，老师批评了他几句，他突然拿起老师办公桌上的书本朝老师砸去，老师本能地躲开，他随即扑向老师，殴打老师。又如，小晨和小钟同学一起做作业，不知不觉间，两人便打了起来。原来，小晨说话常带脏字，左一个“你妈的”，右一个“老子的”，小钟听着不是滋味，与其发生争执，继而打了起来，小晨的左臂被打脱臼。

为什么问题学生引发的安全事故防不胜防？究其原因，大致有三。

1. 问题学生的自控力很差，他们往往很难控制自己的言行

说话带脏字的问题学生，你让他别说脏话，他是很难做到的。个人中心主义者，唯我独尊，动辄殴打别人，你让他控制自己的情绪，不要动不动就打人，他也很难做到……

2. 问题学生时时处处防着老师

除了学习之外，他们什么都不愿意让老师知道。因此，老师要想把他们的思想、行为、心理了解清楚，难度极大，甚至是不可能的。

3. 老师不可能时时刻刻盯着学生

我们和学生的生活轨迹在多数情况下不是重合的。所以，若非对问题学生特别关注，在他们身上投入大量时间和精力，是很难了解他们的。

二、典型案例

编外女儿曼玉

我曾经应朋友之请，帮助一名外地学生转学至我校。转至我校时，她读初二。她叫曼玉，是一名典型的问题学生。

转到我校后不久，她的班主任就找到我，说她太难管，很暴力，很危险，随时都有可能发生安全事故，邀请我担任她的编外家长。

因为她是我帮忙转学过来的，因为我是编外家长，所以，我经常找她谈话。下面是我和她的一段对话。

"曼玉，你的爹妈对你怎样？"

"没什么感觉，我从小跟着爷爷奶奶，我一年才能见他们一面。他们除了给我钱，什么也帮不了我，什么事都是我自己处理。说真心话，我烦我的父母，他们总不能理解我，不会真心关心我。最不能原谅的是父亲，他曾经在除夕之夜用皮带劈头盖脸地暴打我！"

…………

"你对男女同学之间的交往有什么看法？"我想引出她早恋的话题。

"我愿意和男孩子一起玩，他们干干脆脆，直来直去，而女生总是小肚鸡肠，斤斤计较，使绊子，让你难堪。"

"那你在原来就读的学校里跟男孩子交往过于密切，辱骂老师，殴打同学，这些行为，你自己怎么看？"

"他经常陪我，对我好……而那个老师，是他先冒犯我的，是他自找的……谁对我好谁就是好人，谁冒犯我，我就对他不客气！"

通过这次谈话，我看到的是极其危险的认知，是扭曲而缺少教养的心灵。这是一个特别简单、特别感性的女孩子，这是一个是非不分的女孩子，这是一个狂妄而霸道的中学生。

这是问题学生的典型案例。

聘请我担任曼玉的编外家长，是班主任创新工作思路，确保学生安全之举。

曼玉是一名留守儿童，是一名威胁班级安全的危险学生。她的父母一年难得和她见上一面，对她关心不够，教育不够，理解不够。而爷爷奶奶呢，未能对她进行必要的是非观教育。她的成长缺少了家庭教育这一环。

除了学校教育之外，她对是非的认知、对人际交往的把握、对生命价值的追求均源于自己的感性理解。她简单、粗暴、狂妄、霸道，很容易给别人造成伤害，也容易受到别人的伤害。

在以后的工作中，我尽职尽责，想了很多点子，吃了很多苦头，终于让她顺利完成了初中学业。

三、安全密码：特别关注问题学生

尽管问题学生多种多样，但在一个班里，问题学生往往也就那么几个。对问题学生，要给予特别的关注。

1. 安排特别看护员

安排同桌、同乡、同组、同寝室同学担任特别看护员，与问题学生结成帮扶对子。

若问题学生不愿意与人结成帮扶对子，老师要想办法说服同学暗中关注他，并及时将异常情况报告老师。

要特别向全班同学强调，特别看护员不是暗探，而是帮手，他们所做的是真诚的帮助、无私的关怀。

2. 实施心理干预

对早恋、失恋、厌学、有轻生倾向、常离家离校出走、敏感多疑的学生，要和家长联合起来进行心理干预。既可以提醒家长请心理咨询师对孩子实施心理干预，也可以由班主任出面请校内心理健康老师对孩子实施心理干预，逐步恢复其正常心态，控制因其不良心理而导致的安全事故。

对经常夜不归宿、吸烟、酗酒、沉迷于网络的学生，要通过案例剖析、违纪学生恳谈会等措施，增强他们的纪律观念，优化他们的言行举止，及时表扬他们的进步。当然，必要时，对严重违反校规校纪的问题学生，要给予相应的纪律处分，使其痛定思痛，改正恶习，走上正途。

…………

总之，只要不歧视、不打击、不放弃问题学生，并给予他们特别关注，实施有效帮扶，就能避免引发安全事故。

26. 呵护留守儿童

一、安全囧境：留守儿童更易发生安全事故

留守儿童最大的问题是缺少家庭温暖和家庭教育，心理健康问题突出，行为表现失常。比如，有的留守儿童放学后不回家，到网吧上网，通宵不归；有的则在上学途中跑到别处去玩，不上学。

学生出了状况后，老师找家长，家长却在外打工，爷爷奶奶年纪大了，又不能来，家校无法形成合力，学生的问题得不到很好解决。

人民网 2011 年 5 月 3 日发文（《全国留守儿童的生活状况》）称，儿童留守现象在全国十分普遍，全国农村儿童留守率平均为 26.1%，最高为 51.3%，父母至少有一方在外打工的比例高达 73.4%。留守儿童与父母间的关系不紧密，70.2% 的父母半年以上才回家一次。

留守儿童的监护主要有隔代监护、单亲监护、亲戚监护、委托监护四种情况，其中以隔代监护和单亲监护居多。有的老人只管衣食住行，让孩子吃饱、穿暖就行，没有对孩子进行人格教育和安全教育。有的老人缺乏文化知识和安全常识，没有能力对孩子进行安全监管。有的老人年迈体弱，根本就没有看管孩子的精力。

这样，留守儿童就极易发生安全事故。

二、典型案例

留守儿童被毒打

小琪是我教过的2013届学生，父母为生计所迫，长期在外打工，把孩子丢给风烛残年的老父亲。爷爷年过七旬，老态龙钟，身体有病。

那天，小琪放学回家很晚，哭哭啼啼的，脸肿得像馒头，脸上的血迹已结痂，一瘸一拐的，腿上到处是淤青，衣服皱巴巴的……

很明显，他被人打了。

爷爷心疼、气愤，要拉孙子去找行凶者算账。

可是，小琪死活不去。

爷爷好不容易才弄清楚原因：原来，小琪多次偷拿小卖部的零食被发现，被人毒打，他自知理亏，不敢去找别人算账。

这是一个因父母外出打工，爷爷教育不力，孩子染上小偷小摸恶习，因偷窃被人毒打的案例。留守，是孩子遭遇这些事情的根本原因。

留守儿童的临时监护人（委托监护人）没有监护能力或没有尽到监护责任是非常普遍的现象。

三、安全密码：呵护留守儿童

2013年年初，教育部、中华全国妇女联合会、中央社会管理综合治理委员会办公室、共青团中央、中国关心下一代工作委员会等5部门联合发文，颁布《关于加强义务教育阶段农村留守儿童关爱和教育工作的意见》，对在新形势下加强农村留守儿童关爱保护工作提出了明确要求，也为各级各类学校和中小学老师的留守儿童教育提供了政策支持。

身处教育、教学一线的中小学老师，除了执行有关政策外，还需重点呵护留守儿童，给他们家一样的温暖，为他们保驾护航。

具体措施有三。

1. 配备编外家长

编外家长既可以是老师（科任老师和非科任老师都行），也可以是班里其他学生的家长，还可以是社会上的任何一员（比如某个政府官员、某个企业领导等）。无论谁来担任编外家长，都要具备“三心”，即爱心、耐心、责任心。

班主任和编外家长一起制订帮扶计划，通过和留守儿童交心谈心、将留守儿童接到家中、创造条件让留守儿童定期和父母见面、经常带他们参加正常社交活动等，帮助孩子，改变孩子，以避免他们发生安全事故。

2. 开展“陪你一起成长”系列关爱、教育活动

通过形式多样的关爱行动，让班里的留守儿童体验到尊重、平等、信任、理解、友善、宽容，培养他们积极向上的心性和自立、自强、自尊的人格，让他们在离开父母的岁月里愉快成长。

3. 定期家访

每学期到班里的留守儿童家里家访 1 ～ 2 次，每次家访，都要和学生本人多接触，跟他们讲人生、讲理想、讲奋斗，激发他们的斗志，培养他们积极向上的生活态度；和临时监护人谈谈与孩子沟通的方法，谈谈孩子的心理需求，优化孩子的生活环境。

27. 保护学生的隐私

一、安全囧境：学生的隐私屡遭泄露

虽然各级教育行政部门、各级各类学校三令五申，可是，学生的隐私依然屡遭泄露。

开学报名后不久，学生的家庭信息便被泄露了。书店工作人员、教育培训机构工作人员、保险公司工作人员纷纷给学生家长打电话，推销学习资料，推荐培训课程，推介保险项目。

中考刚结束，学生的学习情况就被泄露了，优秀学生的基本情况全被重点高中的招生老师所掌握，学生九年级历次考试成绩统计表已然摆放在高中招生老师的案头。

高考体检后，学生的体检结果被泄露了。有一个班有三个学生被查出患有乙肝，发放体检结果的时候，老师当着全班同学的面，给那三个学生单独发放体检结果，致使全班同学都知道了他们患有乙肝。大家再也不敢靠近和接触他们。

…………

二、典型案例

日记内容被老师泄露，学生喝农药自杀

河南省某城镇中学初三年级学生小雨，是个性格内向、自尊心极强的女生，有写日记的习惯。

1990年3月12日上午课间休息时，小雨和同学结伴去操场玩。留在教室里的小游无意间发现小雨的日记敞开着，在好奇心的驱使下，小游开始翻阅小雨的日记。看到日记中描写恋爱心理活动的文字时，他就摘录下来。放学后，他把摘录的日记内容交给了班主任赵老师。

第二天上课时，赵老师在全班同学面前朗读小雨的日记内容，并斥责道："作为一名即将中考的学生，你不好好学习，还有心思谈恋爱！太不检点了！"小雨在老师的训斥下，失声痛哭起来。

赵老师见状，对小雨吼道："要哭出去哭，知道要面子就别写那样的日记！"此后几天，她总感觉有人在背后议论她，对她指指点点。

3月17日下午，小雨偷偷回到家中，找出毒药，一个人跑到附近菜场边的草棚里服毒自杀了。

当天晚上，小雨的父母未见女儿回来，就去学校里打听。赵老师说："你们的孩子小小年纪就知道谈恋爱，谁知道她去哪儿了！"

父母很无奈，求助于街道居民，才在菜场边的草棚里找到已服毒身亡的小雨。

这是一个泄露学生隐私，导致学生自杀的典型案例。

老师赵某侵犯学生的隐私权，造成了学生自杀的严重后果，应当承担相应的法律责任。

同班同学小游私自翻阅别人的日记，泄露日记内容，也应承担泄露同学隐私的法律责任。因为他是未成年人，他的责任由监护人（即家长）承担。

三、安全密码：保护学生的隐私

每位教师都要树立保护学生隐私的观念，教育学生保护自己的隐私。

1. 增强保护学生隐私的法律意识

学校要利用各种机会、多种渠道，不间断地向教师强调：保护学生的隐私是教师职业道德的重要内容，是考察教师是否合格的重要依据；不要泄露考试机密，泄露考试机密是违法的；不要泄露学生的考试成绩，这是学生的隐私，一旦泄露，是要负法律责任的……

《中华人民共和国未成年人保护法》关于保护学生隐私的规定如下：任何组织或者个人不得披露未成年人的个人隐私。对未成年人的信件、日记、电子邮件，任何组织或者个人不得隐匿、毁弃；除因追查犯罪的需要，由公安机关或者人民检察院依法进行检查，或者对无行为能力的未成年人的信件、日记、电子邮件由其父母或者其他监护人代为开拆、查阅外，任何组织或者个人不得开拆、查阅。

在教育、教学岗位上，我们需要保密的内容有哪些呢？

除了考题、考分以外，学生的个人信息都是不能泄露的。比如，学生的疾病史、生理特征、家庭住址，学生家长的工作单位和电话号码。如有陌生人打听学生的信息，我们是不能随意告知的，即使来人自称是学生的家人，也要经过证实才能告知。至于学生家长打听另一名学生的相关信息，我们更不应告知。

2. 努力增强学生的隐私保护意识

人非生而具有隐私保护意识。所以，学校、教师要通过自己的努力增强学生的隐私保护意识。要告诫学生：有些东西属于个人隐私，是不能告诉别人的；有些东西可以告诉亲近之人，有些东西谁也不能告诉……

3. 教育学生与保护学生两手都要抓

我们的教育是为了促进学生健康成长，因而，关于隐私的教育也要有利于学生健康成长。

教师履行教育职责、教育学生时涉及学生的隐私，并非都是侵犯学生的隐私权。比如，把学生的成绩告诉父母等就不算泄露学生的隐私。

学生依法保护自己的隐私，也不是说，教师就绝对不能介入学生的隐私。为了家访，教师有必要知晓学生的家庭住址，有必要了解学生的基本家庭情况。学生不得借“保护隐私”而拒绝以实相告。

28. 收缴管制刀具

一、安全囧境：管制刀具威胁校园安全

由于生活阅历和知识储备的单薄，中小学生的心智尚不够成熟，性情还不够稳定，心理还比较脆弱，情绪还容易冲动，自我控制能力还较差。

在这种情况下，学生携带管制刀具，会严重扰乱校园秩序，严重威胁师生的人身安全。

有些调皮的学生，不顾学校的禁令，将匕首、仿东洋武士刀等带入寝室里、藏在课桌抽屉里、掖在宽大的外套（大衣）口袋里……如果携带刀具之人和别人发生纠纷，这些刀具便会成为随时可能伤人的利器。

而且，一旦出现管制刀具伤人事件，往往就是学校不能承受之重。

二、典型案例

学生凌晨被同学刺伤

2017 年 3 月 3 日凌晨，河南省濮阳市第一高级中学 334 寝室传出一声惨叫，靠近门口上铺飞飞的颈部和左臂各被划了一道口子。

飞飞说，他一醒来就看到同寝室的小松站在他面前，倚着床梯，举着一把刀。看到飞飞醒来，小松迅速跑出寝室，并将寝室的门锁上。

飞飞拿着手电筒巡视寝室时惊呆了——靠近门口的下铺到处是血，床上的化宇双眼紧闭，嘴唇颤抖，似要叫喊却又发不出声响，很快便没有了

生命迹象。

…………

警方调查发现：小松、化宇、飞飞等人是重点班同学，成绩非常优秀。小松行凶前曾请假一天，在超市里买了一把刀带回寝室，藏到了被子下面。

小松与化宇、飞飞并无生死仇恨。

小松经常抱怨家人给自己的学习压力太大了。

这是一起发生在寝室里的重大学生伤害事故。

行凶者小松成绩优秀，与被害者是同寝室室友，他们之间没有生死情仇，但是他曾流露学习压力大，无处释放压力。

三、安全密码：收缴管制刀具

青少年学生可能都知道学校禁止携带管制刀具，但不一定了解其危害。他们处于争强好胜的年龄，遇事不冷静，一旦冲动起来，就有可能做出傻事。

因此，我们要收缴管制刀具。

1. 让学生明白什么是管制刀具

根据公安部《对部分刀具实行管制的暂行规定》第二条之规定，管制刀具包括：匕首、三棱刀、带有自锁装置的弹簧刀以及其他相类似的单刃、双刃、三棱尖刀。对学校和学生而言，如水果刀、工艺刀等能够对人身造成伤害的刀具，在使用时也要进行“管制”。

2. 让学生明白什么是非法携带

所谓非法携带，是指违反有关法律规定而携带，即依法不能携带上述物品进入公共场所，却仍执意携带。

学校有责任教育青少年学生增强公民意识，做合格的守法者，明白非法携带管制刀具的危害。如果发现他们携带管制刀具，必须劝导他们并没收刀具。如果屡教不改，要告知家长，或向当地派出所求助。

3. 定期开展管制刀具收缴活动

一方面，班主任和科任老师要积极配合学校，协助政教处、保卫科开展管制刀具收缴活动。

另一方面，要根据本班实际情况，开展经常性的专题巡视、巡察活动。一旦发现不好的苗头，要立即到教室、寝室进行收缴，并将收缴结果上报学校领导，听取学校领导的建议，杜绝任何与管制刀具有关的隐患。

4. 采用新颖活泼的形式开展扎实有效的专题教育活动

比如，组织学生利用相声、小品、快板、评书等形式举办专题教育晚会，组织学生参观管制刀具教育展览，利用多媒体、视频进行直观、真实的主题教育等，让学生在严肃的氛围中接受关于管制刀具的教育。

29. 增强学生的规矩意识

一、安全囧境：有违纪，就有伤害

学生伤害事故中，有相当一部分是学生违规违纪导致的。比如，在化学实验课堂上，学生不听老师讲解，不按规定步骤实验，导致易燃易爆气体泄露，造成学生伤害事故；课间活动时，学生违规疯玩打闹，不小心扑倒在地，磕掉了门牙；体育课时，学生不遵循运动规律，不遵守活动规定，未做好活动准备，身体未活动开就直接参加 100 米竞跑，结果脚崴伤了；就寝时，学生不按老师的要求睡觉，不遵守晚寝纪律，违规翻墙外出，不小心摔折了腿……

二、典型案例

手指一弹，香烟引燃床铺

2014 年 10 月 14 日，就寝熄灯铃响过，学校九年级男生宿舍一片漆黑，908 班 302 寝室的六名男生纷纷上床睡觉。

突然，寝室门被推开了，907 班的小静与另外两名同学走进了 302 寝室。小静纪律观念不强，有抽烟的坏毛病。

三个人直接来到小华的床边，小声说："小华，看我多够意思，弄了四支烟，给你留了一支，来，抽烟！"

小华与小静是小学同学，关系一直不错。进入九年级后，小华开始考虑个人前程，专心学习。而小静的纪律观念则越来越差 —— 上课不听讲，干扰课堂秩序；下课疯玩打闹，使教室不得安宁；晚上不按时就寝，到处乱窜……

小华很是不乐，严肃地说：“小静，你别烦我，我不抽烟，我要休息了！”说完，双手捂着脸，表露出要睡觉的样子。

小静的“热情”被泼了凉水，他愤愤不平地说：“你是什么玩意儿？我好心好意给你送烟来，你却装作这般正经！算了，我们走！”说完，手指一弹，转身而去。被弹开的香烟在寝室里划过一道弧线，飞向小华的床铺。

然而，小华却并未看见这危险的一幕。

小静骂骂咧咧地回到寝室后才发现，原本夹在手指间的烟不见了，仔细回忆后才想起把烟弹在小华的寝室里了。“太可惜了，那支烟我才抽了两口！”他这样想着，然而，并未觉得有什么不妥。

不久，小华的床铺着火了，不仅浓烟滚滚，而且火光闪烁。学生们惊慌失措，大声喊叫。很快，宿舍管理员来到寝室，见此情景，赶紧拨打119报警，并从卫生间取水浇灭了小华床上的火。

这是一起学生违纪抽烟引起的安全事故。

作为九年级学生，小静对自己的行为可能导致的伤害应有充分的认识。然而，他不仅违规在寝室里抽烟，还跑到302寝室送烟给小华抽。小华及室友缺乏救火灭火的基本常识，发现寝室里浓烟刺鼻、火光闪烁时，虽有紧急呼救，却并未紧急灭火。幸亏宿舍管理员很快赶到，报了火警，灭了火。

三、安全密码：增强学生的规矩意识

无论学校的安全管理多么严密，学生违规违纪是无法杜绝的。只要有学生违规违纪存在，学生安全事故就不可能完全避免。若是学生管理工作做得不好，校园风气差，违规违纪事件不断，那么，学生安全事故就会防不胜防。

要想控制这类安全风险，我们就要增强学生的规矩意识。

1. 强化学生的纪律意识

学校要安排专人对学生违规违纪现象进行督查，将其纳入班级量化评比考核内容中。

班主任要通过反复宣讲纪律规定和违纪处分条例，增强学生的规矩意识；要经常和学生一起分析校园违纪案例，总结经验，吸取教训。

科任教师要教育学生遵守课堂纪律，将其作为评价学生的重要内容，并及时把学生的纪律表现反馈给家长。

2. 向学生、家长宣讲学生安全事故学校无责条款

利用学生集会、家长会向学生和家长宣读教育部2002年发布的《学生伤害事故处理办法》中学生伤害事故中的学校无责情形。

《学生伤害事故处理办法》第十二条规定：由下列情形之一造成的学生伤害事故，学校已履行了相应职责，行为并无不当的，无法律责任：（一）地震、雷击、台风、洪水等不可抗的自然因素造成的；（二）来自学校外部的突发性、偶发性侵害造成的；（三）学生有特异体质、特定疾病或者异常心理状态，学校不知道或者难于知道的；（四）学生自杀、自伤的；（五）在对抗性或者具有风险性的体育竞赛活动中发生意外伤害的；（六）其他意外因素造成的。

第十三条规定：下列情形下发生的造成学生人身损害后果的事故，学校行为并无不当的，不承担事故责任；事故责任应当按有关法律法规或者其他有关规定认定：（一）在学生自行上学、放学、返校、离校途中发生的；（二）在学生自行外出或者擅自离校期间发生的；（三）在放学后、节假日或者假期等学校工作时间以外，学生自行滞留学校或者自行到校发生的；（四）其他在学校管理职责范围外发生的。

向学生和家长强调学校无责条款，目的是增强学生的规矩意识，强化学生的安全责任，教育学生要为自己的安全负责。

3. 处理学生伤害事故时要分清责任界线

如果学生伤害事故是由学生违纪引起的，或者与学生的违纪行为有关，则一定要以此为依据，划分学生的责任范围。这样做不仅仅是为了减轻学校的责任，更是为了教育学生勇于承担自己的安全责任。我们要让学生明白：违纪后患无穷，违纪代价无限。

30. 组织校外活动要报批

一、安全囧境：擅自组织校外活动隐患多

组织校外活动是教育、教学的重要形式，校外活动包括校外体育锻炼和体育竞技活动、野外爬山和野炊活动、专题采访采风活动、爱老敬老慰问活动等，也包括工会和团委等组织的志愿活动、班委会和团支部等组织的实践活动、朗读和绘画小组等组织的学科兴趣活动，还包括邀约多名学生去医院看望生病的老师或去车站接送参加比赛的同学、邀请表现优秀的班干部和学生到校外进餐，等等。

这些活动非常好，也非常有必要，但是，如果老师、班主任、年级主任未经校长允许（或未向教育局打报告，未经教育局批准），擅自组织校外活动，则极为不妥，存在很多安全隐患。比如，对可能存在的安全风险认识不足、缺乏必要的安全防范措施、没有足够的安全防护力量、没有安全应急预案，等等。

二、典型案例

学生在志愿活动中不幸落水

2009年3月13日下午，湖北省宜都市某初中团委按照计划，利用星期六休息时间带领24名学生志愿者到清江公园开展洁尘活动。

在团委副书记李老师的带领下，大家先是在树林里捡白色垃圾，然后，来到江边捡拾江水带下来的垃圾。李老师反复强调：同学们的脚不能触到

江水，不允许捡拾水里的垃圾，以防出现意外。

突然，李老师发现学生蒋某就要接触到江水了，便急切地喊道：“蒋同学，别——千万别走到江水中！”

蒋同学一愣，脚下一滑，落入江里。

“啊！”“啊呀！”……同伴们惊呼声不断。

李老师反应迅速，几大步跨到蒋某落水处，把他拉了上来！然后长吁一口气说：“万幸！万幸！”

…………

这次活动，虽是按计划实施，但未向教育局报批，属学校团委私下组织的活动。活动中，学生发生安全事故，万幸的是未造成严重后果。

虽然活动前、活动中，老师均对学生提出了安全警示，但还是有学生落水。虽未发生重大伤亡事故，但教训是深刻的：组织学生到校外开展活动，一定要经教育局批准，一定要安排足够的安保人员，一定要制定恰当的应急预案，然后，方可施行。

三、安全密码：校外活动要报批

要想控制学生校外实践活动的安全风险，就要向上级报批。

1. 要获得教育行政部门的审批手续

这是组织校外集体活动的前提条件。

报批，不仅是一种形式，更是学校主动接受上级指导、监管，正确履职的具体体现。

实际工作中，学校政教、教务、团委等部门组织活动时，一般都会履行报批手续，容易疏忽的是各教学班、各教研组组织活动。如果班主任、教研组长未报告学校领导，报批手续往往就会被漏掉。学校各职能部门要利用教师集会反复强调这一点，随时监控各班学生的活动动向，一旦发现擅自组织校外集体活动，就要严肃批评，立即纠正，以防不测。

2. 做好校外集体活动的安全保障

①成立临时安全管理机构并切实履行安全管理职责。出发前，学校要成立校外集体活动安全工作领导小组，分层逐次召开安全教育活动。比如，学校集中提要求，班主任进班做专题讲评，逐层推进，将安全教育落到实处。

②制定全面细致的活动方案。尤其要重视和公安部门、消防部门、120急救中心联动，一旦发生意外，要联系他们迅速到场援助。

③安排必要的管理人员，明确他们的安全职责，确保来回途中及活动过程中学生的安全。

④制定安全应急预案，配备相应的设施。

给学生戴上安全帽
——夯实学生安全教育的 19 个策略

安全模式

III

校园安全事故的主要受害者是广大中小学生和幼儿园学生，他们绝大部分是未成年人，极易受到伤害。那么，如何才能提高学生的安全能力呢？

请开启第三种校园安全模式——给学生戴上安全帽。即努力创新安全教育的形式，增强安全教育的吸引力，提高安全教育的有效性，丰富学生的安全知识，提高学生的应急逃生技能，使学生始终戴着一顶可以抵御各种伤害的安全帽。

31. 教育学生敬畏生命

一、安全囧境：学生自伤、自残、自杀事件屡屡发生

近年来，学生自伤、自残、自杀事件屡屡发生，给学生本人及其家庭造成了极大伤害。倘若发生在校园里，也会给学校造成很大伤害。

这些自伤、自残、自杀事件，多由生活中的小挫折引起。有的学生成绩下降，伤心痛苦至极，划伤自己的手；有的学生自我约束力差，想以划伤臂膀的方式让自己长记性；有的学生因为和别人闹矛盾，心里烦，用刀片划伤手指；有的学生因为在家里受了委屈，用铅笔猛戳自己的手部动脉血管；有的学生因为受到老师批评，用圆规的铁尖扎自己的手臂。

更有甚者，居然放弃自己宝贵的生命，跳楼自杀、跳水自杀，给家庭造成难以弥补的损失，给学校带来难以承受之重，同时，也造成恶劣的社会影响。

为什么会这样呢？

根源是学生没有敬畏生命的思想，他们不仅不珍爱动植物的生命，也不珍爱人类的生命；不仅不珍爱他人的生命，也不珍爱自己的生命。

二、典型案例

后妈生了小妹，小晨划伤手臂

小晨是我教过的 2013 届学生。

有了后妈后，小晨发生了明显变化：不再像以前那样亲近父亲了，父

亲下班回家时，她不再亲吻父亲的额头，不再跟父亲聊个没完，不再把学校发生的点点滴滴讲给父亲听。

那个星期三晚上，后妈生了妹妹，家里洋溢着无尽的喜悦。小晨下晚自习回家后发现，父亲把她的卧室安排到了四楼（她家住着一栋四层小洋楼），还高兴地对她说："你有妹妹了！"

可是，小晨却喃喃地说道："爸爸，我想和你住在同一层楼！"也许是没有听见，也许是觉得无关紧要，她的父亲未对此做出必要反应。

星期四晚自习时，数学老师给我打电话，他发现小晨的手臂上有五条血色的划痕，问她，她说是自己划伤的，还说没事。

我赶忙给她的父亲打电话，提醒他和孩子好好谈谈。

次日凌晨1点20分，她的父亲向我反馈，说是刚结束与孩子的谈心。孩子是因为被父亲"冷落"，觉得自己没有妹妹重要，才出现自伤、自残行为的。

她的父亲表示，将尽快让孩子和自己住到同一层楼来……

这是一个自伤、自残的案例。极强的自我意识是小晨深感受伤的心理根源。

有了后妈后，小晨觉得爸爸对自己的呵护减少了。后妈生了妹妹后，小晨有了被忽视的感受。极端的自我意识终于使其做出了自残的举动。

数学老师的安全意识极强，他发现端倪后立马给我打电话，家长接到我的电话后和孩子进行了长时间的沟通，避免了事态恶化。

小晨的心路历程，很多孩子都不同程度地经历过。这是当今社会普遍存在的病痛。作为老师，我们一方面要教育学生敬畏生命；另一方面要高度警觉，一旦发现异常情况，立即采取行动，严防事态恶化。

三、安全密码：教育学生敬畏生命

1. 让学生了解生命来之不易

一个精子要和数以亿计的精子竞争才能得到受精机会，"我"的生命诞生的概率竟然只有亿分之一，生命诞生时的竞争何等激烈！不仅如此，生命在母亲腹中孕育时，母亲腰扭了或跌了一跤等微小闪失都可能使孕育中的生命陨落。终于，“我”瓜熟蒂落，从母亲体内爬了出来。这时候，“我”很弱小。慢慢地，“我”长大了，读小学了，读初中了，读高中了……尽管现在年龄不大，但用历经千难万险来形容“我”的生命历程，毫不为过。“我”的生命，真的来之不易呀！

2. 让学生相信自己的价值

要引导教育学生形成正确的人生观、价值观。

要让学生明白，人生的目标绝不仅仅是考试得高分，也不是考取重点高中、重点大学。所以，成绩差一点儿不要紧，日子还长着呢！

要引导学生树立正确的近期目标 —— 身心健康、勤奋好学、享受成长的快乐，树立正确的远期目标 —— 永葆生命活力、享受创造的快乐。

要让学生相信自己：我是这个世界上杰出的生命个体，我一定能到达理想的彼岸，我比想象中的自己要强大得多……

要让每一名学生都知晓自己是价值无穷的宝贝，必将为这个世界增添亮丽的色彩。

3. 让学生知道如何珍爱生命、敬畏生命

①要注意自身安全。比如，天热了，不私自下河游泳；注意交通安全，不无证驾驶摩托车；骑自行车上学时，不骑飞车；不翻墙外出，夜不归宿……

②要有强烈的责任心。不仅要对自己负责，还要对家庭负责，对社会负责。有了责任心，才会在成功时保持清醒，在失败时勇敢面对，在绝望时坚守本心。

③常怀感恩之心。要感谢父母之恩，感谢同学之情，感谢生活之乐，感谢朋友之助，感谢自然之赐……常怀感恩之心，才能找到生命的意义，坚守生命的价值，保护生命的安全。

32. 授人以渔

一、安全囧境：遭遇安全事故时，学生缺少避险逃生的本领

通过分析，我们发现，有相当一部分安全事故是由学生缺乏避险逃生的本领所致。

比如，溺水身亡是因为根本不会游泳，或者虽会游泳，但遭遇突如其来的溺水事件不知如何应对；遭遇踩踏事故，身心受伤，是因为没有抓住栏杆、扶住墙壁，从而被汹涌的人流冲倒；在地震中受伤是因为没有躲在承重墙（梁）下面伺机逃生；在火灾中受伤（遇难）是因为没用湿毛巾或湿衣物捂住口鼻匍匐逃生…………

二、典型案例

不会游泳，溺水身亡

2014年5月10日，广西壮族自治区南宁市某校4名12岁小学生按家长的要求做完双休日的作业后，相约于星期日出去玩，并得到了家长的允许。家长强调，不能离家太远，不能下河游泳，要带上手机，有事就给家长打电话。

5月11日早上，4名同学约上就读于另一所学校的另一名伙伴，到邕江边游泳，5个人中有4个人会游泳，只有小学生唐某不会，会游泳的伙伴叮嘱唐某就在岸边玩耍，照看衣物，不要下水，然后就下水游泳去了。

唐某先是在岸边玩耍，觉得百无聊赖，便将伙伴们的衣服折叠起来，

整齐堆放在一起。他看着伙伴们在水中自由欢快地嬉戏，心里痒痒的，不由自主地来到水边，把水浇在膀子上、脸上、腿上……感觉惬意极了，不禁大声说："真舒服哇！"

突然，唐某脚下一滑，掉进水里。他大声呼救："救命啊——救——命——"

同伴们听到呼救声，赶忙往唐某身边游过来。

唐某呛了水，扑打一阵后，没入水中。不见了唐某踪影，同伴们赶忙上岸给家长打电话，打 110、120。

很快，5 位家长和 2 名会游泳的警察来到现场，并下水寻找，20 分钟后，警察和家长在落水处下游 30 米、离岸 10 米的地方捞起唐某。因溺水时间太长，唐某不幸身亡。

这是一起由缺乏溺水自救的本领导致的学生安全事故。

唐某不会游泳，也未掌握溺水自救的本领。

唐某溺水后，4 个伙伴及时拨打求救电话，家长和警察迅速赶来救援，120 急救车也迅速赶到了现场，他们的这些处置措施是正确的，也是及时的。

这起安全事故虽与学校无关，却提醒我们，要利用一切机会教给学生避险逃生的技能，要教会孩子游泳。

三、安全密码：授人以渔

绝大多数学校对学生安全的重视程度都是极高的，所采取的安全防控措施都很完善。一位小学校长曾对我说，为了防止学生溺水，午休时，学校安排专人到附近的堰塘、河边巡察。尽管这样，还是无法保证学生不发生安全事故。

而到了双休日，学生家庭的安全防范明显不如学校，家长要上班，要赚钱养家糊口，学生身边的安全漏洞很多。

那么，当学生脱离老师和家长的监管时，他们的安全谁来保证？只能靠学生自己，靠他们平常积累的生存、自救本领。

如何才能提高学生的自我保护能力呢？我们认为，做安全教育时，要授人以渔。

要落实这一点，不仅需要学校的努力，还需要家长的努力、社会的参与。其中，学校要高度重视以下两点。

1. 教给学生必要的求生本领

在日常安全工作中，我们通常会教学生远离危险区域，却忽视了身处危险境地时的避险逃生培训。比如，防溺水教育，我们的做法可能是召开全校学生大会通报溺水惨剧，要求学生签订“不私自下河游泳保证书”，和家长签订“不让孩子私自游泳管理责任协议书”。还有，班主任会反复要求学生不私自下河游泳。

然而，这样的工作还是没有抓住根本，不能从根本上解决问题。安全教育的根本目的是什么？是教给学生避险逃生的本领。比如，教学生学会游泳，掌握溺水自救技能；教学生学会火场逃生方法，掌握消防逃生技能……这，就是授人以渔。

2. 严格遵守安全演练纪律

为了教给学生避险逃生的本领，几乎所有学校都会定期举行安全演练，但我们发现，很多安全演练都流于形式。

为什么这么说呢？学校不是有演练方案吗？不是有领导小组、工作小组吗？相关教职工不是有具体的职责分工吗？怎么能说是流于形式呢？

因为安全演练时，最为关键的一点往往不尽如人意：学生的态度可能不够严肃，纪律可能比较松散。比如，举行消防安全演练时，一边是令人揪心的警报声和骇人的烟雾弥漫，一边却是学生嘻嘻哈哈、打打闹闹地从楼道上下来。这种演练肯定无法达到预期的效果。

而且，这个问题不解决的话，安全演练还有可能变成安全事故。比如，2012 年 11 月 21 日下午 4 点 20 分，海南某小学组织 2000 多名学生进行地震应急疏散演练活动。演练活动结束后，学生解散返回教室时，在教学楼楼道里发生拥堵挤压踩踏事故，致使 21 名学生受伤住院。因此，安全演练时，必须严格遵守演练纪律，强化演练过程管理。

33. 适当布置安全作业

一、安全囧境：学生对安全知识消化不良

正如对语文、数学、外语知识掌握不牢、消化不良一样，学生对安全知识同样存在消化不良的问题，其原因有三。

1. 吃了一锅夹生饭

老师在讲安全注意事项时，学生没有认真听；学校在组织安全演练时，学生极不严肃……这导致该听的未听全面，该学的未学到位，该掌握的未很好地掌握。好像吃了一锅夹生饭，自然会引起消化不良，不能转化成身体所需的营养。

2. 记性没有忘性好

虽然学生认真参与了各种安全知识学习和安全演练活动，但是记性没有忘性好，如不及时巩固，听得再认真也会忘记。更何况有些安全知识，如“四防”（防核武器、防生物武器、防化学武器、防恐怖袭击）安全知识等，在一般情况下不会涉及，学生会忘得更快。

3. 没有内化成素养

即使相关的安全知识学生记得住，却因为并未用于实际生活，没有内化成学生的安全素养。比如，老师一再强调骑自行车时不能骑飞车，两辆自行车不能并列行驶，两个骑车的人不能勾肩搭背等，可有些学生一骑上自行车便忘了，做出种种危险动作。

不将安全知识内化为学生的素养，必然会导致学生对安全知识消化不良。

二、典型案例

一波刚平，一波又起

2010年10月12日第七节课，学校组织全校师生集会，就上周发生的三名住读生翻墙外出，夜不归宿，蹿至网吧玩通宵的严重违纪事件进行公开处理。学校决定，给予这三名学生“记大过”纪律处分，并要求各班认真组织学习学校纪律处分条例。

然而，没想到的是，当天课外活动（即第八节课）时，高二（8）班的小攀同学为了捡拾落到院墙外的篮球，翻越围墙，不慎摔断大腿。

事发后，学校迅速将小攀送往医院，小攀住院一个月康复返校。其间，家长曾强烈要求学校负担学生的医疗费用，学校据理力争，并通过律师调解，最后，家长承担了全部医疗费用。

这是一个不吸取教训、没吸收安全营养，导致安全事故发生的典型案例。它告诉我们，安全知识消化不良的现象极为普遍，后患无穷。

学校组织全校师生集会，对翻越围墙、夜不归宿打游戏的学生给予了纪律处分，要求全体学生引以为戒。可是，严厉的说教、同学受到的处分丝毫没有引起小攀同学的重视。若把三名翻墙外出者的教训比作安全营养的话，小攀一点儿营养都未吸收。

三、安全密码：适当布置安全作业

和文化课的学习一样，学生安全意识的培养、安全技能的掌握也需要课堂作业、家庭作业。然而，在安全教育活动中，除了消防安全演练、防地震安全演练、防踩踏安全演练等安全实践活动外，几乎没有安全防范方面的作业。结果，安全知识的记忆得不到强化，安全防范技能难以形成，安全警惕性难以提高。

因此，我们认为，可以适当布置安全作业。

布置安全作业，先要弄清三个问题。

1. 谁来布置安全作业

应该由政教处、保卫科、班主任、安全课老师来布置。

为什么？因为政教处、保卫科是学校安全管理的责任处室，由他们布置安全作业理所当然；班主任是班级安全管理的第一责任人，给学生布置安全作业责无旁贷；安全课老师肩负安全知识的传授之责，布置相关作业完全应该。

2. 如何布置安全作业

班主任和安全课老师要结合专家的安全讲座、领导的安全讲话、安全课的授课内容、班主任的安全讲评等，以知识填空题（如游泳闭气、换气知识）、判断选择题（如逃离火灾现场的姿势）、案例分析题、调查访问题（如向大人或消防官兵调查火灾发生的原因）、活动记录题（如检查家庭安全隐患并做记录）等为主要题型，结合当天、当周的安全教育内容给学生布置适当的安全作业，以巩固安全知识和技能。

和文化课的作业一样，班主任和安全课老师要对安全作业进行回收、批改和讲评。鉴于安全教育的实践性特征，建议把作业批改交给学生来做，老师做好监管就行。应充分发挥学生的主观能动性，采取讨论式批改、交换批改、组长批改等方式，然后，老师在全面检查的基础上进行讲评。

3. 作业内容怎么确定

可结合安全课的教学内容和学校安全教育的月重点、周重点来确定作业内容，每次 1 ~ 2 个题目，安排 10 分钟左右的作业量。

34. 让安全教育“绘声绘影”

一、安全囧境：安全教育不受学生欢迎

按理说，无论是安全教育的课堂，还是班主任关于安全的讲评，因其关乎学生的生命安全，理应受到学生的欢迎，但现实恰恰相反，安全教育并不怎么受欢迎。

我曾经做过一个关于安全教育状态的问卷调查，统计结果表明，学生对专家的讲座认同度最高，原因是他们的讲座生动形象；其次是班主任的讲评，原因是班主任对学生有更强的威慑力；安全教育课堂、学校领导关于安全的讲话，学生的认同度最低，只有一半学生认真听讲。

二、安全教育的特征

为什么安全教育非得生动形象才会被学生接受呢?

因为安全教育有自身的内在规律，具有“生活性”“综合性”“体验性”“实践性”四个显著特征。

生活性是指必须结合学生的现实生活展开教育活动，要把生活中涉及的安全知识、技能，如交通安全知识、饮食卫生安全知识、防火安全知识、电器使用安全知识、体育课安全知识等，传授给学生，科学、及时、有效地解决学生在实际生活中遇到的各类安全问题。

综合性既包括内容的综合性，也包括教育方式的综合性。安全教育必须整合安全常识、安全经验、安全技能、法律规范等多方面内容，综合运用讲授法、多媒体演示、设置情境、实地考察调研等多种教学方式，还要动之以

情，晓之以理，授之以法，引导学生以严肃认真的态度投入学习中来。

体验性是指要在真实的情景体验中建构安全知识，要在身临其境中演练安全技能，要在心灵震撼中增强安全意识。

实践性则要求我们改变常规的安全教育模式，改变重知识轻实践的现状，把死的安全知识转化为鲜活的生活规范。

怎样走路才安全？怎样骑自行车才安全？怎样过马路才安全？怎样上下楼梯才安全？怎样上体育课、实验课才安全？……我们要善于在常规生活情境中引导学生提高自护自救能力。

三、安全密码：让安全教育“绘声绘影”

1. 综合运用多媒体技术

为了让学生重视食品安全，我曾在网上下载过一个 3 分钟的视频《食品安全之歌》：“这些年，一直忍。怕喝酒，怕吃肉。工业酒，福寿螺，三聚氰胺难摆脱。吃过后，才会懂。会结石，会早熟。身体内，有病毒，在停留……”

为了教育学生远离网瘾的危害，我曾下载过一个 4 分钟的视频《你将来会过得很狼狈》：“白天寝室睡，晚上你却网吧累 / 父母的爱你从来没领会 / 花了钱，去受罪 / 你却说，无所谓 / 用掉了生活费也不后悔 / 网络太虚伪，很难分清错和对 / 沉迷其中将学习都荒废……”

这两个视频里配的食物中毒和学生沉迷于网络的画面，特别生动形象，学生欣然接受，轻松地达到了教育目标。

我们还可以从网上找到涉及学生安全的新闻视频、动画视频。

我们还可以制作 PPT，配上生动的文字解说，对学生进行安全教育。

2. 结合案例进行安全教育

干巴巴的注意事项、生硬的命令和要求是难以深入人心的。为此，在对学生进行安全教育时，要尽可能地结合案例进行。以网瘾的危害为例，我们可以播放有关视频，让学生感受网瘾给中小学生带来的危害；或者就媒体报道的上网成瘾酿成大错的案例展开讨论；或者让成功戒掉网瘾的学生和家长现身说法，回顾当初上网成瘾时的痛苦；或者带领学生到看守所去和因网瘾而犯罪的人近距离接触，了解其犯罪事实，倾听其心声，以提高自己上网时的警惕性。这样，学生定然会对网瘾的危害感受深刻。

3. 让学生参与安全方案、条例的讨论

比如，把防踩踏安全演练方案拿给学生讨论：为什么学校要在每个楼梯口安排值班老师？为什么要求学生必须靠右行？为什么要有序上下，不能插队？为什么不能拉拉扯扯、嘻嘻哈哈？为什么在人流拥堵时要尽可能扶住墙壁、栏杆？……

又如，把防地震逃生演练方案拿给学生讨论：为什么地震发生时要就近躲在桌子下面？为什么听到撤离的号令时要有序快速地跑向操场？为什么在楼梯口要让先到达的同学先行撤离？为什么到达指定位置时要清点人数？……

让学生参与讨论安全方案、条例，既可以让他们知道遭遇危险时该怎么办，还可以让他们明白为什么要这样做。这样的教育与硬性要求学生照章执行，其效果不可同日而语。

35. 人员密集处莫狂奔

一、安全囧境：疾速狂奔惹祸端

在校园里常常可以看见这样的情形：下课铃响了，学生纷纷到教室外面活动，或两个人靠着栏杆聊天，或三五成群在楼下散步，或一个人急匆匆地朝厕所走去……突然，几个学生气喘吁吁地飞奔而来，从聊天者身旁擦过，从散步人群中穿过，将急匆匆地去上厕所的同学撞倒在地……

这样疾速狂奔，极易惹出祸端，造成安全事故！

二、典型案例

五岁小朋友，奔跑时撞伤别人

囡囡是我邻居家的孩子，今年五岁，读幼儿园大班。

2015 年 4 月 7 日下午第 5 节课下课后，囡囡拿出从家里带来的玩具 —— 小风车到教室门前的花坛附近玩耍。

当时没有风，囡囡便沿着花坛快速奔跑起来。随着囡囡的奔跑，风车越转越快，囡囡沉浸在风车旋转的快乐之中。

突然，囡囡撞到了正在花坛边玩耍的小朋友茜茜，茜茜猝不及防，被撞倒在花坛边上，耳朵在花坛的棱角上重重地擦了一下，鲜血直流。

幼儿园老师赶紧把茜茜送到医院治疗，并给家长打电话。

茜茜住院 10 天后出院，一共用去四千三百元治疗费。

茜茜家长要求：①幼儿园和囡囡家长共同承担医疗费、误工费、交通费、护理费、营养费等两万五千元。②要求把孩子转到别的幼儿园就读。

后来，经过反复协商，囡囡家长赔偿茜茜五千元，幼儿园赔偿茜茜一万元，事情得以平息。

这是一起在人员密集处快速奔跑导致撞伤别人的事件。

囡囡奔跑是茜茜受伤的直接原因，且是唯一原因。

幼儿园老师对茜茜受伤的处理很及时，使茜茜得到了及时治疗。

在这个案例中，老师没有实施有效的课间监护，致使孩子在人员密集处快速奔跑，酿成受伤事故。正因为如此，在后来的经济赔偿中，幼儿园承担了大部分经济责任。

三、安全密码：人员密集处莫狂奔

1. 告诉学生不要在人员密集处快速奔跑

这是基础性工作。无论是小学，还是初中、高中，我们都要强调，不要在人员密集处快速奔跑，不要在公共场所快速奔跑，因为这样做容易撞倒别人，撞伤自己，或者摔倒、滑倒，等等。

2. 培养学生稳重的性格

要引导学生多读书，从书中吸取智慧和营养，在潜移默化中锻炼心智。

要教育学生遇事要处之泰然；做什么事先要考虑清楚；别人讲话时要耐心听，自己讲话时不要慌张，要有条不紊；走路时要不慌不忙，步履稳健。

要让学生明白虽然要张扬个性，但稳重更显文明素养。

3. 即时提醒，适时教育

发现学生在人多的场合疾速奔跑时，一定要及时制止，委婉批评。

千万不要有侥幸心理——“不要紧，不要紧，他的运气没这么差，不会出事的”，或是在心里祈求：“老天爷呀，千万别撞着呀！”

36. 雷雨天里要避雷

一、安全囧境：校园雷电伤害惨不忍睹

每当雷雨天气时，天空就会出现蜿蜒曲折的闪电，响起震耳欲聋的隆隆之声。如果雷电很强烈，不仅会有刺目的闪光和巨大的雷声，所产生的强大电流、炽热高温以及猛烈的冲击波，还会给人们造成惨不忍睹的伤害。

发生在中小学里的雷电袭击，主要有三个危害：一是危及师生的性命，二是使校园里的建筑物受损，三是损坏电力、通信设施等。

二、典型案例

打雷出现火球，51 人遭雷击伤亡

2007 年 5 月 23 日下午 4 点 34 分，重庆市开县义和镇兴业村小学正在上课，忽然，外面大雨倾盆，雷声大作，先后响了三声炸雷，第三声雷电炸响的瞬间，一个火球在六年级窗户边燃烧起来，先后燃过所有教室。

事发后，向老师急忙把学生往办公室转移……最后到六年级教室时，眼前的情景惨不忍睹，有的学生躺在地上，有的学生歪倒在墙边，有的学生昏倒在课桌上……

在六年级教室上课的李老师也被雷电击中，据她回忆，在她昏过去的一瞬间，她亲眼看到靠墙的两名学生被雷电击晕。大约十分钟后，李老师才恢复知觉，她站起来，看到教室里的惨状欲哭无泪。

在这次雷击事件中，共有 51 名学生被雷电击倒，其中 7 人死亡，44

人受伤，受伤学生中，年龄最大的15岁，最小的10岁。

事发20分钟后，镇卫生院医生赶到，对孩子们进行救治。因学校离县城较远，道路泥泞，直到晚上9点左右，孩子们才被送到县人民医院。

据了解，学校共有152名学生、4名老师。学生在一个高4.3米的四合院里上课，正对大门的两间是老师的办公室，大门右侧是二年级教室，大门左侧是六年级、四年级教室。

校舍是1973年建的，1997年进行过简单翻修，初建和翻修时均未安装防雷设施。事发时，很多学生赤脚触地，鞋子脱在一边。而放在一边的鞋子多数是塑料凉鞋。

这是一起因校舍缺乏避雷装置而导致的重大伤害事件。

兴业村小学的校舍没有避雷装置，是惨剧发生的关键原因，当地政府、教育行政部门负有不可推卸的责任。

上课时，学生把塑料凉鞋脱在一边，赤脚触地，这是事故发生的原因之一。学生赤脚触地，有可能是因为天气闷热，有可能是因为他们没有良好的文明礼仪习惯，也可能是因为他们习惯打赤脚。不管是什么原因，老师都应该教育孩子不能在公共场所打赤脚。

案例中的雷电现象称为球形雷，它像火球一样，能随风飘进室内，危害极大。事发时，学生没有关闭门窗，致使球形雷随风飘入教室里。如果在野外碰到球形雷，切忌到处跑动，因为它会跟随气流飘动，最好的办法是拾起身边的石块使劲向外扔出，将它引开。

三、安全密码：雷雨天里要避雷

雷电伤害属于自然灾害，只要预防措施做得好，是完全可以避免的。

1. 安装防雷设施

这是政府部门、教育行政部门要做的事。学校是具体的落实者，要在每一个教室、每一间寝室、每一个实验室安装防雷设施，绝不能留下任何安全隐患。

2. 教给学生防雷电常识

①雷电是如何产生的？雷电一般产生于对流旺盛的积雨云中，常伴有强风、暴雨等。积雨云内部水滴的破碎、空气的对流等，会使云中产生电荷，云层上部以正电荷为主，下部以负电荷为主。当云层上下电位差达到一定程度时，就会产生放电现象。这就是我们常见的闪电现象。闪电的平均电流是 3 万安培，最大电流可达 30 万安培。闪电的电压很高，约为 1 亿至 10 亿伏特。带电荷的雷云与地面的突起物接近时，会发生激烈的放电现象，出现强烈的闪光和雷鸣。

②雷电的类型。雷电分为直击雷、感应雷和球形雷。直击雷是带电云层接近地面至一定程度时，与地面目标之间的强烈放电现象。每次，直击雷少则三四个冲击，多则数十个冲击。感应雷也称作雷电感应，分为静电感应雷和电磁感应雷。静电感应雷是由带电云层在地面凸起物顶部感应出大量电荷，以大电流、高电压冲击波的形式，沿凸起物传播的雷电现象。电磁感应雷是雷电放电时，巨大的电流在周围空间产生迅速变化的强磁场，并在邻近的导体上产生很高的感应电的雷电现象。球形雷是雷电放电时形成的发红光、橙光、白光或其他颜色光的火球。

3. 加强防雷教育

要让学生知道防雷“四要”“十不要”。

防雷“四要”，即雷雨天里，要待在有避雷装置的教室或建筑物内；要关好教室的门窗，切断电源；要远离高烟囱、铁塔、电线杆和大树；在野外时，要双脚并拢，双手抱膝，就地蹲下，越低越好。

防雷“十不要”，即雷雨天里，不要触摸门窗上的金属；不要触摸与屋顶相连的水管；不要在室外参加体育活动；不要游泳或从事其他水上运动；不要使用电话；不要在电灯下站立；不要到室外收取晾晒在铁丝上的衣物；不要进入庄稼地里的小棚房里；不要打金属骨架雨伞；不要骑摩托车、自行车。

37. 莫做“飞车党”

一、安全囧境：自行车成了安全杀手

因骑自行车发生的学生伤害事故屡见不鲜，且伤亡惨重。他们有的被别人撞伤，有的则撞伤别人。原因何在？一个字 —— 快！

1. 普通自行车，因“快”成灾

虽然一般学校都明令禁止在校内骑车，可是在校园主干道上，总有学生骑着自行车撒欢飞奔；虽然所有学校都明令禁止下坡放飞车，可是在校门前繁华的马路上，总有学生松开闸线，甚至双手离把，寻找飞一般的感觉。结果，行人避让不及，以身相撞；或者自己避让不及，身负重伤。

2. 电动自行车，新晋马路杀手

电动自行车作为代步工具，却被称为马路杀手。

浙江省交管部门的统计数据显示，2012 年全省与电动自行车有关的事故达到 6204 起，死亡 1019 人，受伤 6786 人，平均每天近 17 起交通事故，近 3 人因此死亡。

电动自行车引发事故的主要原因是速度超标，在紧急情况下刹不住车。

3.“死飞”自行车，极度危险

“死飞”自行车，只有一个车架、两个轮子、两个车把，没有闸线、齿轮转换器、挡泥板、灯、反光板和闸。这种车样式时髦，可以做出很多花样动作，但若碰到紧急情况，十分危险。

二、典型案例

13岁女孩骑“死飞”，被撞死

2013年3月16日中午12点20分左右，福建省漳州市琥珀路段附近，一名骑着“死飞”自行车的13岁女生肖某被一辆飞驰而来的私家车撞飞，又被拖行数米。医护人员赶到现场展开急救。遗憾的是，肖某身受多处重伤，不幸离世。

记者到达现场时，交警正在处理。一辆黑色私家车车头朝西停在路上，副驾驶座前的挡风玻璃呈蜘蛛网状。地上有明显的轮胎摩擦痕迹，书包、自行车、车坐垫散落一地。在离私家车三四米处，肖某的尸体被一块蓝布遮着，白色帆布鞋露在外面。地上有一大摊血迹。

值得注意的是，被撞变形的荧光色自行车是一辆“死飞”，即没有刹车、没有变速器的自行车。

女孩家属得知情况后，情绪十分激动。据他们透露，肖某今年13岁，很乖，很听话，从不到处乱跑。

交警说，女孩骑的是“死飞”自行车，这种自行车安全系数低，她看到飞驰而来的私家车来不及躲避，才导致悲剧上演。

（来源：《海峡导报》）

这是一起由“死飞”自行车导致的重大安全事故。

“死飞”自行车是一种非常危险的交通工具。虽然它的安全性一直为人诟病，但骑着它穿梭在人流和车流中，总能引起行人驻足观看。

黑色私家车速度快，发现肖某迎面而来时，虽然及时制动，但距离太近，导致猛烈相撞，而肖某的“死飞”根本没有制动装置，无法制动。

交警分析：死者肖某应承担主要责任，因为骑“死飞”上路，安全系数低，是事故发生的主要原因；而私家车主，则承担次要责任。

三、安全密码：莫做“飞车党”

1. 遵行“十不”注意事项

要告诫学生，骑自行车出行要遵行下列“十不”注意事项。

①不得突然拐弯。拐弯时要减速慢行，向后伸手示意，以免和别人、别的车相撞。

②不得妨碍被你超越的车辆正常行驶，不得妨碍后面的车辆行驶。

③不得双手离把或手中持物。否则，遭遇紧急情况时，反应不及，会导致车祸。

④不准拖拽。既不得拖拽其他车辆，也不得被其他车辆拖拽。

⑤不准并行扶身，不得追逐竞驶。

⑥不准带人。自行车本来以轻巧灵便见长，如若带人在城市人流中穿行，无论是制动，还是拐弯，都不灵活。

⑦不要穿拖鞋。穿拖鞋骑自行车有两个坏处：一是鞋子容易掉；二是脚踝失去鞋子的保护，容易擦伤、碰伤。

⑧不要穿超短裤。否则，容易划伤皮肤。

⑨不要前载重物。一般情况下，可以把不方便拿的东西放在车子前面的载物框内，但是重量要控制好，不然，会使骑行非常吃力，影响刹车制动。

⑩骑电动车要控制速度。按国家标准，不得超过 25 公里 / 小时 。在这一车速之内，有效刹车距离为 4 米。超过这个速度，刹车距离逐渐增加，安全隐患越来越大。

2. 做好校内自行车管理

学校要从以下六个方面着手，管理好校内自行车。

①自行车进入学校后一律推行，不得骑行或者踏行。

②学校仅为离学校较远的学生提供自行车停放场地，并聘请专人看管。

③自行车所有者必须按学校规定，以年级、班级为单位，将车停放在指

定场地，严禁乱停乱放。教学区和宿舍区禁止停放自行车。

④所有车辆必须上锁，坚决杜绝无锁车辆停放。

⑤在自行车停放地安装视频监控，防止被盗。

⑥对故意损坏他人车辆、拔气门芯放气等行为，要给予严肃处理。

3. 加强监督，规范骑行

学校要加强骑行监管，保证骑行安全。

①安排专人值班。上学、放学时，校门口要有专人值班，坚决制止违规骑行。

②加强对危险骑行者的教育。要求其反复朗读（或背诵）骑自行车“十不”注意事项、校内自行车管理规定等规章制度，提高认识，增强执行力。

③严禁骑“死飞”自行车上（放）学，一旦发现，代其保管，直至家长来校领取。

④尝试进行驾照式管理。即对骑自行车的学生进行考核，不过关的学生不允许骑车上学。考核合格的学生发给“驾照”。一旦被举报不注意骑行安全，随即吊销“驾照”。

38. 警惕网络陷阱

一、安全囹境：网络不安全，诈骗陷阱多

调查发现，70% 的中小学生上网者会通过 QQ、微信在网上交友，相当一部分人还会和网友见面、打电话、通信。其中，上当受骗者不计其数，人身伤害事件时有发生。

网络陷阱大致有以下四种。

1. 消费陷阱

陷阱一：兜售赃物。我班有个学生花了 300 元从名叫“邻居”的网友处购得一部 iPhone6 手机，用了不到 10 天，公安人员便找上门来，原来，他买的手机是网友偷来的。

陷阱二：商品信息轰炸。你在加他为好友后，每天都会收到商品推销广告，直到你将他屏蔽为止；否则，他将无休无止地发。

2. 情感陷阱

陷阱一：以“结拜兄弟（姐妹）”为名，诱你加入不法团伙，胁迫你为非作歹。我曾教过这样一名学生，他被网友胁迫去殴打别人，不得已跟着去了，结果他们将对方打死。他虽未动手，仅仅是旁观，但因是同伙，也被判刑。

陷阱二：以“恋爱”为名，诱使你和他（她）交往，骗钱骗色，甚至危及生命……

3. 信息陷阱

在某重点高中任教的老同学曾给我讲过这样一个案例：某学生的网友以“加强往来，联络感情”为名，向他索要个人信息。该生缺乏安全意识，轻信网友，将个人信息、家庭信息透露给网友，导致不良网友跑到家里来要吃要住，要钱要物，搞得他家鸡犬不宁。

4. 游戏陷阱

有一款名为“蓝鲸”的死亡游戏，特别骇人。游戏的参与者一般在10 ～ 14 岁之间，他们完全顺从游戏组织者的摆布与威胁，几乎没有人能够活下来。已经有 130 名俄罗斯青少年因为参与这个游戏自杀了，而且这个游戏在向其他国家扩张。2017 年，有网友举报称这种邪恶的游戏已经流入中国。

更多的游戏陷阱是经济上的，参加游戏的青少年会身不由已地花钱买装备，即使是成年人也常常陷入其中，不能自拔。

二、典型案例

“多情客”竟是无良煞星

17 岁的小萌是哈尔滨某重点高中学生，性格内向，和很多同龄人一样，她把上网当作得到体贴与宽慰的唯一途径，认为只有在虚拟空间里才能获得真正的友情。

2001 年 3 月的一天，小萌在家里以“哈尔滨格格”的名字进入聊天室。几分钟后，一个叫“多情客”的网客引起了她的注意，很快，她便答应“多情客”在某网吧门前见面的约定。

当晚 6 点，精心打扮了一番的小萌前去赴约。在网吧门前，3 个帅气的小伙子早已恭候多时。一阵寒暄后，小萌了解到他们分别叫“海峰”“小雨”和“小峰”，并且接受了他们非常热情的共进晚餐的邀请。

吃过晚饭后，他们和小萌一起叫了一辆出租车，声称先去送“小雨”。十几分钟后，出租车在一间出租平房前停了下来，他们让小萌一起下了车。下车后，三人突然脸色一沉，露出了狰狞的嘴脸。小萌看着远去的出租车和伸手不见五指的环境，一种不祥的感觉涌上心头。

此时，“海峰”在网上的柔情万种全都不见了，他凶神恶煞般地将一把尖刀架在小萌的脖子上……在这间肮脏破烂的出租房里，“海峰”“小雨”和“小峰”对小萌进行了长达 3 个小时令人发指的轮奸。

这起伤害事件是由结交不良网友引发的。

小萌在社交媒体上交友时毫无防备之心，三言两语，便答应与人见面，答应别人的饭局。她结交的网友“多情客”系不良青年，见面后他们把她骗到一处偏僻的出租房内对她实施了令人发指的犯罪行为。这是网络安全教育缺失引发的不良后果。

这起伤害事件还与家长的关心不够有关。小萌的家长对孩子外出毫不知情。小萌亦未主动告诉家长，未得到家长的允许。

上述两个方面，只要有一个方面事发前得到改善，悲剧就有可能避免。

三、安全密码：警惕网络陷阱

针对网络陷阱，我们要求学生增强自我保护意识，警惕它带来的伤害。具体要求如下。

1. 不要轻信网友

不要用真实姓名注册上网，不要把真名实姓告诉网友，不要透露自己的家庭地址，不要把自己或家长的手机号码告诉网友，不要说出自己就读的学校，也不要透露亲密伙伴的名字。这些私密信息，一旦泄露，就有可能给不法分子可乘之机。

不要轻信网友的话。网友提出的要求，不要轻易答应，更不要与之见面。

如果有事非见面不可，应该有家人陪伴，或邀约几个伙伴一起去，或与网友约定一起参加某个群体活动。

如有特殊需要必须见面且只能单独见面，应到人多的地方，比如广场、超市、车站等地。

2. 要懂得自我保护

要有人品鉴别意识。在确定对方人品还不错的情况下，方可结成网友，否则，拒绝与之交流。一旦发现网友不值得信任，马上不再理他。

对那些低俗下作的网友，不要反驳，不要回答，干脆把他拉入黑名单。

受到伤害时要勇敢地向警察和路人求助。如果事情发生在人多的场合，应大声呼救。如果发现附近有警察，应大声向警察求助。若没有机会报警，要保持冷静，与之斗智斗勇，并悄悄取证。

遭受人身侵害时，一定要保命为先，虚与委蛇，不要惹犯罪分子动杀机。

3. 要抵制网络游戏的诱惑

网络游戏不仅会要你的钱，甚至会要你的命。学校、家庭要教育孩子自觉抵制网络游戏的诱惑。

首先，要让孩子明白网络游戏的利弊。要让孩子知道网络游戏只是供人消遣而已，不要企图在游戏的世界里称雄称霸，那样一点儿意义也没有。

其次，要增强孩子的自制力。要孩子为自己的前途着想，一旦发现自己有不良习惯，要勇敢面对，并积极改正。

最后，告诉孩子要向老师、家长求助。要告诉孩子，如果已陷入网络游戏中，要想戒掉，绝非易事，除了要努力克制之外，还可以向老师、家长求助，他们不但可以起到很好的监督作用，还会教给你行之有效的改正方法。

39. 不要拉帮结派

一、安全囧境：学生帮派危害大

中小学生拉帮结派的现象较为普遍，甚至发展成学生帮派组织，演变成校园黑社会。他们无惧无畏，寻衅滋事，欺压弱小，扰乱学校秩序，扰乱社会秩序。其主要违纪违法表现如下。

1. 打架斗殴

学生帮派组织会因各种荒唐的事寻衅滋事，打人砍人。比如，他们会因看不顺眼而殴打别人，会因别人挡住视线而殴打别人，会因争风吃醋而大打出手，会因帮派矛盾将对方打伤、打残、打死……

2. 收保护费

这是学生帮派组织最常见的劣迹。他们会派人到附近各学校吸纳成员，并安排新吸纳的成员到各校各班收取保护费，然后逐层上交，形成金字塔式利益链，并在全校制造恐怖气氛。

3. 抢劫

学生帮派组织的抢劫行为多为临时起意，其抢劫对象多为在校学生。当然，他们也抢劫社会人士，甚至连老人也不放过。

学生帮派组织成员因岁数小，未经历世事风雨，天不怕地不怕，心狠手辣，不计后果，是校园安全的毒草。

二、典型案例

南湖十四煞

2004 年 9 月 14 日晚 9 时许，李某与网友小强一起前往南京市建邺区长虹路百灵网吧上网。其间，小强自称与“南湖十四煞”中的“一煞”—— 16 岁的小亮因共同追求某中学一名女生结仇了，并哀叹前两天带了两个朋友去揍小亮，但是没追上。正吹得眉飞色舞时，几个男孩突然气势汹汹地闯进网吧，个个手拿砍刀。网吧内顿时变得鸦雀无声，唯有李某对小强大喊一声说：“是来找你的吧，快跑！”李某话音未落，小强一溜烟似的跑了，几个男孩并不追赶小强，而是一拥而上，围住李某举刀就砍。直到 10 分钟后，有人拨打了 110，他们才住手。李某被砍成重伤。

接到报案后，警方连夜工作，迅速将 7 名犯罪嫌疑人抓获归案。除了当事人小亮知道打架原因外，其他人都不知道为什么要砍人、砍的是什么人。他们每个人的胸口都纹有一个“煞”字，和另外一伙身上纹有“煞”字的 7 个孩子，一起号称“南湖十四煞”。

这是一起典型的学生帮派组织致人重伤事件。

犯罪嫌疑人小亮，是未成年人，胸口纹有一个“煞”字，是“南湖十四煞”帮派组织成员，因与小强同追一名女生而“结仇”，并因此展开生死仇杀。

和小强一起玩游戏的李某不过喊了一声“是来找你的吧，快跑”，小亮及其同伙便不问缘由，也不管他是何人，一拥而上，举刀就砍，手段残忍。

三、安全密码：教育学生，不要拉帮结派

三五个学生、七八个孩子因兴趣相投聚在一起，这是正常的，但一定要加强引导，一旦出现异常情况，必须迅速矫正，决不能任其发展。

1. 加强教育，防微杜渐

①加强感情投入。要多关心学生，尤其是对学困生、德困生，要给予耐心帮助，增加感情投入，切忌简单粗暴。

②组建兴趣小组。把学生的兴趣爱好往健康的道路上引，营造良好的班级氛围，避免学生把过剩的精力用到违纪违法的事情上。

③注重品德养成。关注学生文化课学习的同时，注重其道德品质的培养，加大法制教育的力度。

2. 营造和谐的家庭氛围

家庭是学生成长的第一所学校，父母是学生的首任老师。学校要提醒家长发挥示范引领作用 —— 言谈举止要符合社会规范，价值取向要符合社会标准。家长要创造和谐的家庭氛围，使学生沐浴在幸福的阳光雨露中。

3. 果断遏制学生帮派

①知己知彼。要及时了解学生帮派组织的情况，比如帮派成员、违纪违法事实、学习成绩、家庭状况等。对他们好的表现及时表扬，对他们坏的表现严厉批评，恩威并施，多管齐下，促其转化。在此基础上，各个击破，逐个引导，分化瓦解帮派。

②加强对帮派头目的教育。通过前途教育，对其晓以利害；通过真情感染，让他悬崖勒马；通过纪律处分，使其醍醐灌顶。只要帮派头目逐步转化，帮派组织便能得到有效控制。

③走进他们的活动。有针对性地组织帮派成员开展专门的活动，如体育比赛、社会实践、到看守所参观调研等。通过这些活动了解他们的心思、爱好、能力，有的放矢地进行引导，使他们锻炼心智、提高情商、明辨是非、担当责任。

转化学生帮派组织是一项艰巨的任务，需要一个长期的过程，但只要坚持不懈，促其转化，就一定能有所作为。

40. 维护学生的“性安全”

一、安全囧境：男孩、女孩屡被“狼”伤

维护学生的“性安全”，是一个非常沉重的话题。

每起儿童、少年性侵案件都在刺激着人们的伦理神经、道德神经、安全神经，人们不断地追问：儿童、少年的“性安全”谁来保障？

调查发现，从 5 岁开始，随着年龄的增长，儿童遭受性侵的危险逐年增长。8 ～ 12 岁是高风险期。

这是什么原因造成的？有家庭的原因、社会的原因、学校的原因……

中央电视台曾经做过一个“我从哪里来”的调查，网友调侃说是“抽奖抽到的”“充话费送的”，总之，调查结果表明性教育严重匮乏。这是教育不作为造成的。

我国中小学生的性教育长期缺乏，始终遮遮掩掩，羞羞答答。在中小学阶段，孩子们往往没有学到任何关于“性安全”的知识和能力。

农村留守女童遭农村老汉性侵者有之，中学女生遭不法分子性侵者有之……

二、典型案例

留守姐妹屡遭 6 村民强奸

14 岁的小花、12 岁的小英是一对山村姐妹，家住粤西山区，父母长期在外打工。家里除了姐妹俩，再无他人，只有姨妈时常上门照顾。

两年前的一个晚上，一名男子翻墙进来，两个孩子在恐惧中惨受蹂躏。她们害怕极了，尤其惧怕夜晚的降临。令人更加痛心的是，因为不法分子的威胁，她们选择了沉默，连最亲近的人（父母），她们都不敢告以实情。

而且，噩运还在继续，她们遭受了更加惨绝人寰的蹂躏。“闻讯而来”的不法分子越来越多，翻墙而入的歹徒从一个变成两个，从两个变成三个……到最后，翻墙而入的不法分子多达6人。而且，惨绝人寰的蹂躏竟持续了两年之久。

两年后的某一天，她们的家长才从亲戚处知道了一切，当即报警，6名歹徒落入法网。但是，两姐妹的心灵深处烙上了永远的疤痕。

为什么会发生这样的事情？

其一，家长未给孩子提供安全的成长环境。父母长年在外打工，姐妹俩长期独守家园，家长应该意识到，这么小的孩子独自在家里是多么不安全！

其二，亲戚未给孩子提供必要的保护。从案例来看，在家长知道孩子的遭遇之前，亲戚是知道的，但他们既未向家长反映情况，也未向公安机关报案。孩子遇到毫无责任心和同情心的亲戚，遭遇才会如此悲惨。

其三，缺少必要的性安全教育。这是悲剧发生的原因之一。老师也好，父母、亲戚也好，均没有教给孩子必要的“性安全”常识，致使她们忍受了长达两年的凌辱。

三、安全密码：维护学生的“性安全”

眼下，学校的性安全教育要么一片空白，要么徒有虚名，教材、师资、课时等均无保障。我们要创造性地开展工作，维护学生的“性安全”。比如，从网上下载卡通版儿童性安全教育视频播放给学生看。这是一个公益科普视频。它强调，性安全教育不是性行为教育，既不会教孩子怎么生孩子，也不会放大性在孩子心中的地位，而是解答“我是谁”“我从哪里来”“我到哪里去”的生命历程，教孩子淡定自信地面对未知的变化。

具体而言，要教给孩子必要的“性安全”防卫措施。

1. 记住“十不要”，防范强奸风险

女孩不要早恋，不要与行为不检点的男性交往，不要传看黄色书刊，不要与男性谈及色情话题，与男性交往时不要饮酒过量，夜间不要单独去男性住处，夜晚不要与陌生男性同行，发现男性言行挑逗不要继续与其纠缠，在公共场所不穿暴露装，夜晚出门不走阴暗处。

2. 开展性安全教育

目前，性安全教育还缺乏大环境支持。在学校里，老师怕羞，不敢大胆地开展性安全教育。在家里，家长也怕羞，不愿意解答孩子对于性的困惑。在社会上，大家都是多一事不如少一事，谁也不愿操“闲心”。不过，有些地方已经开始进行有益的探索，比如，广州妇联成立了广州市巾帼社会工作服务中心，并为全市 10 周岁以下女童量身定制了《宝贝，别害怕！——女童防狼手册》。

身为教师，我们应立足本校实际，大胆开展性安全教育。

41. 远离气象灾害

一、安全囧境：气象灾害，学生的灾难

气象灾害是指台风、暴雨、暴雪、寒潮、大风、沙尘暴、高温酷热、低温极寒、干旱、雷电、冰雹、霜冻和大雾等异常天气造成的灾害。

这些异常天气，不仅会造成建筑物、家禽家畜、农作物及其他财产的巨大损失，还会造成重大人员伤亡，甚至导致群体性灾难事件发生。广大中小学、幼儿园的学生，身小力弱，经验有限，防御力差，在这些天气里极易受到伤害。

二、典型案例

遇暴雨学校提前放学 小学生溺死溪中

阿勇，12 岁，是福建省南安市洪濑镇四都中心小学五年级学生。

2008 年 10 月 6 日中午，因为下大雨，阿勇的爷爷中午特地送饭到学校，还特意找到班主任，请求下午放学时别让孩子自己离校，他会来学校接的。

可是，阿勇的爷爷放学时未接到孩子，找到的却是孩子的遗体。

17 点，爷爷被告知全校学生均已提前一节课（即 16 点 05 分）放学了。

得知这一消息，阿勇的爹娘、亲戚冒雨找人，直到次日早晨，才在距学校 3 里远的水沟里找到阿勇的遗体，他的书包、鞋都不见了，头部、身上到处是伤。

校长解释说，当日15点20分上第六节课，他巡查时发现学生穿得很少，担心大家受凉，便临时召开行政会议，决定提前一节课放学。

这是一起典型的气象灾害造成的学生伤害事故，学校应承担全部责任，因为首先，学校的安排欠妥。学校提前一节课放学这一举措是不妥当的，因为没有及时告知家长，使他们不能及时到学校来接孩子。其次，班主任未履行对孩子爷爷的承诺。阿勇的爷爷曾请求班主任放学时别让孩子独自离开，他会来学校接孩子。然而，班主任却让孩子独自回家，导致他在暴雨中溺水身亡。

应对气象灾害，学校应该采取更多、更好的防范措施。比如，打电话通知家长提前接孩子、组织教师护送孩子、在事故多发地安排教师值守，等等。

三、安全密码：提前预防，远离气象灾害

学校和各级教育行政部门，要密切关注气象信息。一旦出现灾害性天气预报，要立即启动应急响应机制，采取措施，提前行动，将各项防范措施落实到位。

1. 采取四项措施，远离台风灾害

①固定好物品。检查阳台、屋顶的物品，固定好花盆、空调外机、雨篷等，如果玻璃松动或有裂缝，请在玻璃上贴上胶条。

②储备物品。即储备适量的食品和水，交足手机话费，准备应急照明用具。

③减少外出。台风来临时，要迅速切断电源，关紧门窗。不要在玻璃门、玻璃窗附近逗留。尽量减少外出，留在安全的房屋内。

④及时撤离。台风携带的暴雨容易引发山体滑坡、泥石流等地质灾害，造成人员伤亡。如果学校地处山区和暴雨区，要组织学生及时撤离。

2. 小心行事，远离暴雨灾害

①减少外出，防止意外。修好房顶，防止漏雨。畅通水路，防止堵塞。关闭电闸，防止伤人。远离山体，防止滑坡。

②遇到积水，车辆绕行。仔细观察，防止触电。水中行走，避让井坑。早砌土坎，预防内涝。

3. 沙尘暴肆虐时，户内户外都要防

若沙尘暴发生时人在户外，要远离河流、湖泊、水池，以免被吹落水中溺水；远离树木和广告牌，以免被砸伤。能见度差时，要停止行走，骑车、开车者要减速慢行或停止前行。戴上口罩和风镜，保护呼吸道和眼睛。

若沙尘暴发生时人在家里，要避免开窗。要多喝水，多吃清淡食物，不要购买街头露天食品，注意防止沙尘中的病菌感染。

4. 谨记“三忌”“两防”，远离高温灾害

“三忌”，即忌长时间在太阳下裸晒皮肤，忌回家后立即吹空调，忌上午 10 点至下午 4 点出行。“两防”，即注意补充水分，防止失水虚脱；注意头晕、恶心、口干、胸闷气短等，防止中暑，一旦出现症状，立即就医。

42. 克服嫉妒心理

一、安全囧境：以怨报德，伤害他人

以怨报德，伤害他人的事件往往是由嫉妒心理引起的。

嫉妒是对别人的优势心怀不满，从而不悦、自惭、怨恨、恼怒等。它并非生而有之，是后天逐步形成的。

一般来说，嫉妒者只针对比自己强的人，尤其是年龄、性别、学历、地位等与自己相似，过去和自己不相上下甚至不如自己，现在却强于自己、超过自己的那些人。

每当与这些强于自己的人在一起时，嫉妒者内心就会痛苦，就会产生情绪上的抵触和对立，直至通过中伤、殴打对方等极端方式发泄情绪。

二、典型案例

好心帮助他人，换来终身残疾

某重点高中高二学生小宁与诗诗从小就在一起玩，一起上幼儿园、小学、初中，后来又一同考上了省重点高中。她俩从小就要好，总是互相勉励、互相帮助，无话不谈。

然而，升入高二后，小宁的学习越来越吃力了。因为和小宁是好朋友，诗诗经常在做题技巧、思维拓展等方面给予小宁帮助，但小宁的成绩还是没有什么起色。

进入高二下学期后，各门学科都结束了新课，进入高考复习阶段。小宁的成绩渐渐退到了年级600多名，与诗诗排年级前50名相去甚远。按照该校历年的高考情况，这个成绩只能上高职高专。

看着自己与诗诗的差距越来越大，小宁渐渐觉得诗诗对她的帮助和开导是“猫帮耗子——假仁义、要花腔”，暗中却使劲拉大与自己的距离。想到这一点，小宁开始疏远诗诗，对诗诗的不满与恼怒日甚一日。

一日，诗诗像往常一样利用课余时间为小宁补习功课，小宁却说：“去去去，你跑我这儿来干什么！”

“知道你不痛快，我这不是在帮你吗？”

“多管闲事！”小宁翻脸不认人，“我让你帮了吗！”

“你怎么不识好人心！”

“你是哪门子好人？”

“你，你身上长刺了咋的？”

“妈的，我就身上长刺了！”

“你嘴巴干净点儿！”

“我就不干净，我还要打你呢……”小宁照着诗诗的脸上就是一拳。

“啊——”诗诗惨叫一声，捂住右眼踉跄着回到了自己的座位上。

经医院检查，诗诗右眼视网膜遭击打而脱落。

这是一起因嫉妒而引发的学生伤害事件。

小宁和诗诗从小是好朋友，高二时，情况发生变化，因学习成绩不断下滑，小宁的心绪逐渐改变，她对诗诗产生了强烈的嫉妒心理。诗诗的帮助，被小宁误解成了别有用心。在一次偶然的争执中，小宁的嫉妒如火山一样爆发，她出手将多年的好友打成残疾。

三、安全密码：克服嫉妒心理

嫉妒是对别人怀有的一种冷漠、贬低、排斥，甚至敌视的心理状态。作为班主任，我们要尽自己所能，帮助学生克服嫉妒心理。

1. 帮助学生认识嫉妒的危害

倘若仅以嫉妒别人的优势来安抚自己的自尊，就必然会为自己的成长设置重大障碍。我们要通过播放视频、剖析实例等，帮助学生认识嫉妒心理的危害，防微杜渐，远离嫉妒心态。

2. 引导学生正确评价自己

尺有所短，寸有所长，你在这方面超过别人，别人在那方面胜过你，这是极为正常的现象。要引导学生正确评价自己，不断开发自己的潜能，正视人与人之间的差别，时刻保持阳光心态。

3. 引导学生正确对待竞争

要引导学生认识到，竞争与合作是一对孪生姐妹，理想的竞争是双赢，是大家都有收获，都有进步。还要引导学生认识到，在竞争中遭遇挫折或失败是前行道路上必不可少的磨炼，是通向彼岸的阶梯。

4. 引导学生从嫉妒中突围

对已经有嫉妒心的学生，要想方设法帮他们从嫉妒中突围。

①用欣赏的眼光看待有嫉妒心的学生。寻找他的长处和优点，经常鼓励他，让他觉得自己并非一无是处，让他觉得未来会很美好。

②引导学生学会控制自己的情绪，成为情绪的主人，自觉遏止不良情绪，消除不良心理，以开阔胸襟做人，以宽容大度处事。

③引导学生努力充实自己的生活。帮助学生做好学习计划，并切实实施，过得紧张而充实、忙碌而有意义。

④引导学生自我反省。帮助学生反思自己的语言、行为，反思自己的缺点，反思自己的心态、情绪，让学生在反思中觉醒、提高，竭力把嫉妒心转化为上进心，将消极心态转化为积极心态。

43. 不要唯我独尊

一、安全囧境：学生唯我独尊，无法无天

唯我独尊者常常不服老师管教，正面顶撞老师，和老师针锋相对。

在同学中，他是“老子天下第一”，有谁不服他就动武。他甚至经常挑衅那些比他高、比他壮的高年级学生。他是刺儿头，老师觉得他难管；他是霸王，同学都不敢招惹他。

唯我独尊者，主要有下列病态表现。

①自我评价过高，自以为才华出众、能力非凡。

②常有天马行空的幻想，幻想自己获得了物质享受、辉煌的成就和无上的荣誉。

③专横自私，自负傲慢，盲目自大。

④不愿承担责任，常推诿、转嫁自己的责任，为自己的违规行为辩解。

⑤喜欢占便宜，为了个人利益不择手段，常有剥夺性行为。

⑥遭遇批评、挫折时，或者不屑一顾，或者愤怒无比，给人毫不在乎和玩世不恭的印象。

唯我独尊者常因看不顺眼而暴打别人。

二、典型案例

因为看不顺眼，将同学暴打一顿

小祥，是我班（801 班）的数学课代表。他性格文静，说话轻声细语，

温和柔顺，从不打打闹闹。课余时间，他一般不到教室外去玩耍，而是坐在教室里看书。他的数学成绩非常好，他又乐于在数学上帮助别人，课间常有女生找他问问题。

小礼，是802班的学生。他非常调皮，自以为是。听人讲了我班小祥的事，又多次亲眼看见小祥给女生辅导数学，他看不顺眼小祥的行为，扬言要教训小祥。话传到小祥的耳朵里，小祥不以为意，认为自己和小礼无冤无仇，他不会把自己怎么样。

那天放学时，小祥一出校门便被小礼拦住。“小子，你很牛哇，经常和女生混，我看你今儿还怎么牛！”

“你要干什么？我可没惹你！”小祥不做亏心事，不怕鬼敲门。

“他娘的，我早就看不惯你了，你没惹老子，老子可要惹你了。”小礼边说边揪住小祥的衣领，把小祥推到院墙边，用膝盖顶住他的肚子，双手左右开弓，连扇他8个耳光，然后扬长而去。

小祥马上返回校内，向我报告此事。

第二天，政教主任找小礼谈话，他说：“我就看不惯那小子经常和女生一起，所以就打了他……”

案例中的小礼已经患上较重的“唯我独尊”的心理疾病，他无视学校不准打架斗殴、寻衅滋事的纪律规定，公然在学校大门口殴打与他毫无瓜葛、素无交往的同学。单从纪律的角度看，小礼简直就是无法无天，应该给予相应的纪律处分。

他还无视别人的人身权利，任意侵犯同学，伤害他人。这是典型的唯我独尊的心态。他是典型的问题学生，是校园危险分子、不稳定因素。如若任其发展，必将成为社会的不稳定因素。

三、安全密码：控制情绪，三思而后行

校园里的个人中心主义者，有唯我独尊病态心理的并不鲜见，如何帮扶他们，控制由他们引发的安全风险呢？

1. 告知学生唯我独尊的危害

其危害主要有以下几个。

①陶醉于成功、权力、光辉、理想、爱情的幻想中。不思进取，无所事事，无所作为。

②做人处事傲慢无礼，不受人欢迎。固执己见，常常这也看不惯，那也看不惯，甚至因此侵犯、伤害别人。

③常侵害、侵占别人的利益，极易滑入犯罪的深渊（侵占别人的利益达到一定程度，便成了违法犯罪）。

④妒忌别人，并因此伤害别人。或者认为别人在妒忌自己，并因此鄙视别人，进而伤害别人。

2. 引导学生管理好自己的情绪

①引导学生认识个人的渺小。让学生发挥想象，想象自己置身于茫茫宇宙中、与大海拥抱时、与地球拥抱时的情形。进而引导其端正认识，认识个人的渺小。

②引导学生学会冷静，使学生在情绪冲动时，有意识地强迫自己冷静下来。培养学生的理解他人之心、宽容之心，促使其转变个人中心主义。

③引导学生学会倾听，心平气和地和别人展开讨论，认识取长补短的重要意义，知道团结协作的巨大作用。

3. 适度惩罚，持久信任

唯我独尊的心理不是一下子形成的，也不可能一下子消失。

在说服教育难有成效时，应该当头棒喝，或罚学生到讲台前讲一个故事，或罚他唱一首歌，或罚他写心理报告书，或直接进行义正词严的批评。甚至可以根据他所犯错误的性质和认错态度，给予相应的纪律处分，让他在必要的惩罚中反思自己、认识错误。

持久信任学生，期待学生转化。有唯我独尊病态心理的人，其改变可能需要几个月、一两年甚至更长时间。所以，不能因他屡说屡犯而对他丧失信心，要热忱帮扶，耐心等待，直至他取得进步，战胜自我。

44. 变自卑为自省

一、安全囧境：自卑者，心理更易崩溃

自卑者常瞧不起自己，很在乎别人的评价，心理防线脆弱，经不起风吹雨打。

自卑者的主要表现如下。

①自我评价差。认为自己什么都不如别人，觉得自己能力差、成绩差，甚至连长相都没有别人好看。

②心理承受力弱。经不起刺激，受不了指责。

③谨小慎微。做事放不开手脚，畏畏缩缩，瞻前顾后。

④多愁善感，敏感多疑。看见别人在窃窃私语，便以为是在谈论他；看见别人对他指指点点，便觉得是在说他坏话。

有自卑心理的人，更容易出现心理崩溃。

二、典型案例

"我最讨厌被别人瞧不起"

晨晨是我班的学生，刚升入七年级时，他就表现得与众不同。

上课时，不是趴在桌子上就是用双手撑着脑袋，不是低着头看脚下就是偏着脑袋看窗外，不是玩手指就是转铅笔，完全听不进老师讲课。作业也很糟糕，要么不做要么漏做，要么抄袭要么乱画。

他基本不参加集体活动，不与人交往。一旦和同学发生争吵，就会小

声抽泣，像是受了莫大的委屈。课间，或坐在教室前的台阶上眯着眼想心思，或站在树底下望着远方，时不时还会发出一声沉重的叹息：“唉——”

开学不到一个月，因为同班的林某说了一句“晨晨的爸妈离婚了，爸妈都不要他，家里就他和奶奶两个人”，他便和林某产生了激烈的肢体冲突，大干一架。冲突结束后，晨晨歇斯底里，乱冲乱撞，跑回教室，沿路撞倒、撞伤了三名非本班同学。

事后我得知，亲戚们也常对着晨晨念叨：“孩子，你没爹没娘，可苦了你啦！”

他说：“我最讨厌被别人瞧不起！”

案例中的晨晨是一个非常自卑的孩子。原因有三个。一是父母离异，爸爸妈妈都不要他，他常被人笑话是没娘的孤儿。这是主要原因。二是亲戚们的怜悯。他们常念叨：“孩子，你没爹没娘，可苦了你啦！”这种语言上的怜悯是其产生自卑心理的催化剂。三是同学的嘲笑。这是他心理崩溃的导火线。

极度自卑往往会导致极度自尊。这样的孩子很容易受到伤害，也很容易伤害别人。仅因同学一句话，他便受到严重伤害，和同学发生激烈的肢体冲突。

我邀请学校心理咨询室的钟老师担任他的编外家长，对他实施心理干预。如今，晨晨的自卑心理已经略有好转。

三、安全密码：变自卑为自省，增强学生的自信

1. 引导学生弄清自卑产生的原因

①自身条件不够好。如门牙跌断、父母离异、亲戚嘲讽、成绩落后等，这些都会使人在与他人的比较中产生落后感和挫败感，陷入自卑的泥沼。

②曾经失败的阴影。如果失败带来的消极心理未及时得到调节，让人形成“我不行”的心理定式，他往往就很难再次燃起自信的火花。

③错误观点的主导。现在的学生，小时候是在表扬中度过的，“我很行”的观念根深蒂固，进入高一学段后，极有可能在群星荟萃中表现得暗淡无光，巨大的现实落差极易导致“原来，我不行”的想法。

2. 引导学生变自卑为自省

①来一点儿阿 Q 精神。引导学生积极与人交往，在交往中感悟生活中有比我好的，也有不如我的，并以此自我安慰，恢复自信。

②发掘自己的优点。引导学生回忆成功的经历，激发自信。

③积极心理暗示。引导学生用“我能行”鼓励自己，用“虽然我长得没有你漂亮，但我学习比你好”安慰自己，用“我曾克服过比这更大的困难，这次我一定能行”激励自己。长期的积极心理暗示，一定会让自卑心理逐步减弱。

④冷静反省。学生遭受挫折后，要引导他冷静下来，不要有大的情绪波动，然后从主观、客观两方面反省，找到心理平衡点，确定下一步的发力点。

⑤分解目标，体验成功。引导学生将目标分解成若干个小目标，然后专注于眼前的小目标，努力完成，体验成功的快乐。或鼓励学生从众多要完成的事中拣取容易做成的事来做，感受成功的乐趣。随着成功体验的不断叠加，自卑会逐步被自信所取代。

45. 远离拥堵踩踏

一、安全囧境：校园拥堵，安全隐患多

学校是人员集中场所，极易发生拥堵事件。比如，进出教室时，学生争着拥向教室门口，造成教室门口严重拥堵；上下楼梯时，学生不遵守靠右行的规定，个别人甚至还在人流中快速穿梭，这很容易酿成踩踏事故；通过楼栋入口时，学生争先恐后，挤成一团，进入入口通道后，继续冲撞向前。

一旦发生拥堵踩踏事故，后果往往是灾难性的。

二、典型案例

海绵垫封堵楼道，学生拥挤踩踏致 32 人伤亡

2014 年 9 月 26 日下午，云南省昆明市明通小学发生了一起特大拥堵踩踏事故。

当日 14 点左右，午睡起床铃响后，该校一、二年级学生离开午睡室返回教室。

午睡室门前通道里，靠墙竖放着两个长约 3 米、宽约 1.8 米、厚约 0.3 米的旧棉花垫（体育器具）。

先离开午睡室的学生经过棉花垫时，不住地用拳头击打棉花垫，导致棉花垫翻倒，一些学生被压在下面，其他学生见状，惊慌失措地往下跑，跑在前面的学生不慎跌倒，后面跟上来的学生不明情况，继续拥堵着往前

挤，随后纷纷向前扑倒，特大踩踏事故就此发生，致使32名学生伤亡，其中6名学生死亡。

调查发现，学校将一、二年级学生安排在操场栅栏外的居民楼里午休。居民楼里光线昏暗，没有电梯，楼道宽度仅为1～1.2米。每层楼两套住房，每套房子约100平方米，房子里密密地放置着高低床。一个班的学生睡在一套房子里，学校安排老师轮流值班。

据悉，明通小学在保险公司投保了九年义务教育学校在校生校方责任险。

这是一起由诸多因素共同导致的特大拥挤踩踏事故。

改民房为学生午睡室，每套房子里容纳的学生太多；楼道狭窄，违反了消防安全的相关规定。显然，学校为学生准备的午睡室是不合格的，这个责任应该由学校、当地教育行政部门、政府相关职能部门来承担。

在本就狭窄的楼道里放置棉花垫，使楼道更加狭窄，这是安全管理不到位的表现，这方面的责任应由学校及相关老师承担。

学校安排的午睡值守人员不够，无力保护学生的安全。

学校的安全教育不到位。从事故的相关细节可以看出，学校没有对学生进行防拥挤踩踏的安全教育和安全演练。学生经过狭窄的楼道时，不住地用拳头击打靠在墙边的棉花垫，丝毫没有意识到这样做的危险性。棉花垫倒下压住了一些学生时，其他学生惊慌失措，没有一点儿应急常识，从而导致了惨剧的发生。

学校为了减轻安全事故的经济赔偿难度投保了校方责任险。这表明，学校是有安全风险意识的，只是防范措施做得太差。

三、安全密码：有序进出，有序上下楼梯

为了避免拥堵踩踏事故发生，我们要教育学生有序进出，有序上下楼梯，开展务实、高效的防踩踏教育活动，做好大型集体活动的安全管理。

1. 安排专人做好防踩踏专项管理

这是学校要做到的工作。即做好楼道、走廊、楼梯的秩序管理，做好防踩踏事故的应急预案。

①建立健全走廊、楼道值班制度，课间操、大型集会等集体活动时，关键道口要有专人执勤，监控人流状态，维护学生上下楼梯安全。

②建立健全学生上下楼梯常规管理机制。让学生上下楼梯时走固定线路，依次、有序上下，靠右行。告诫学生，如遇大量人员下楼时不要急着上楼，如遇大量人员上楼时不要急着下楼。

③确保学校走廊和楼梯的电灯、栏杆完好无损，一旦发现电灯不能正常使用，要立刻更换；一旦发现栏杆损坏，要迅速维修。

④实行分时错峰的放学制度，减少人流量。同时告诫学生，通过楼道时要慢步轻声、礼让右行，不要推前攘后，造成拥挤。

⑤制定防踩踏事故应急预案，一旦发生踩踏事故，要迅速启动应急预案。

2. 在班级管理中开展生命教育

①开展防踩踏事故教育活动，让学生明白发生踩踏事故的严重后果。以“有序进出，有序上下楼梯”为主题开展形式多样、扎实有效的演练活动。

②以“珍爱生命”为主题开展系列班团活动，让学生积累相关的安全逃生知识。

③引导学生认识在楼梯间打闹、搞恶作剧、制造紧张恐慌气氛的危险性，增强学生的防范意识。

3. 向学生传授“遭遇拥挤人流后如何应对”的专题知识

①别逆人流前行。发现对面拥挤人群向自己“流”来时，赶紧避让，莫慌乱，莫奔跑。否则，容易被拥挤的人群推倒。

②抓住栏杆扶手。发现自己陷入拥挤的人群时，要保持身体重心不倾斜；遇到台阶或楼梯时，要赶紧抓住扶手。

③莫让自己摔倒。被拥挤的人群裹挟时，务必提高警惕，随时做好自保和保护别人的准备。最重要的是不能让自己摔倒，否则，你就成了踩踏事件的导火索。

④靠墙蜷缩身体。如果人群中突然有人倒地，要高声告诫后面的人不要再往前走。如果自己突然摔倒，必须想办法靠近墙边，或面向墙壁蜷缩起来，并抱住自己的后颈，保护自己的身体。

⑤务必保持镇定。一旦拥挤的人群出现异常情况，一定要保持冷静。如果发现别人有慌乱的情绪，不要被其感染。

46. 谨防病从口入

一、安全囧境：食物中毒危害大

校园食物中毒事件往往是因为学生食用了不干净、不安全的食品。比如，食用食堂饭菜引发的中毒、食用校园超市“三无”食品引发的中毒、食用校方供应的牛奶引发的中毒、野外实践活动时食用陌生野果引发的中毒……

校园食物中毒具有群体性特征。一旦发生，往往是数人甚至是数百人同时中毒，中毒人数多，涉及范围广，社会影响大。甚至，还可能发生中毒死亡事件。如果善后处理不当，就可能演变成群体性社会事件。

二、典型案例

251 名学生喝牛奶中毒

2011 年 4 月 22 日上午 7 点左右，陕西省榆林市鱼河中心小学发生了喝牛奶中毒事件，至少 251 名学生中毒。

中毒事件系饮用蒙牛学生专用牛奶所致。

事发时，中毒学生不停地呕吐，喊肚子痛。

学校立即拨打 120，并向教育局、区政府汇报相关情况。

随后，251 名中毒学生被分期分批送至当地几家医院，医护人员立即对重症学生进行抢救，对症状稍轻者进行洗胃等治疗。

据悉，该校学生饮用的牛奶系当地教育局统一配送。每天早上，后勤专管员将牛奶统一发放到各班，当天共发放 649 袋纯牛奶，事发后紧急召回 136 袋。当地食药监局随即查封了学校库房存放的所有牛奶。

学校总务主任介绍说：先前学生饮用的蒙牛纯牛奶产自呼和浩特，安全得很，从未出过什么问题。导致学生中毒的蒙牛纯牛奶是头天刚刚送来的，产自宝鸡。

这是一起由学生饮用奶导致的特大中毒事故。

此次中毒人数多达 251 人，属特大食物中毒事件。事发后，学校一边紧急回收刚刚发出去的牛奶，交由食药监局查封；一边联系 120 将中毒学生送医抢救，同时向教育局、区政府报告情况，请求支援。这些处置措施非常恰当，也很及时。

三、安全密码：谨防病从口入

食品安全风险时时存在，处处都有。因此，我们要强化食品安全教育，建立健全相关的管理措施。

1. 在班级管理中，强化以“病从口入”为主题的食品安全教育

引起食物中毒最常见的原因是食用了腐烂变质的食物，或本身有毒的食物，或被污染过的食物。班主任是班级安全的第一责任人，应责无旁贷地加强食品安全教育。安全课老师肩负传授安全知识之责，应利用课堂主阵地传授食品安全知识。

①五类食物不能吃：变质的鱼、肉、乳、蛋及其制品，剩饭剩菜等；有农药残留的水果、蔬菜，被污染过的海产品等；毒蘑菇等本就含有天然毒素的东西；变质的马铃薯，未熟透的豆浆、杏仁、四季豆、木薯、鲜黄花菜等；无生产厂家、生产日期、生产许可的“三无”食品。

②四种招式防中毒。预防食物中毒的关键在于把牢饮食关，搞好饮食卫生。只要熟练掌握并运用以下四种招式，就一定能防止校园食物中毒事件发生：有良好的卫生习惯——勤洗手、不喝生水、不吃生食；瓜果生吃要洗净，特别要注意不吃有农药残留的水果、蔬菜；切完生食后要仔细

清洗刀具，才能拿来切熟食，加工食物时要让其彻底熟透，贮存熟食时要确保温度在7℃以下，不要把生食和熟食混在一起；不随意食用不认识的东西。

2. 加强食堂管理，消除校园食品安全隐患

①健全六个“机制”，加强食品安全的制度建设。为加强学校食品卫生管理，落实食品安全责任，保护师生的身体健康和生命安全，国家卫生部、教育部曾于2005年专门出台了《学校食物中毒事故行政责任追究暂行规定》。对照这一规定，学校要努力建立健全六个机制：建立健全校园食品准入机制，建立健全餐（饮）具清洗和消毒机制，建立健全从业人员健康上岗机制，建立健全防二次污染、防投毒工作机制，建立健全食品安全预警机制和食物中毒应急机制，建立健全校园食品安全的责任追究制度。

②搞好三个“强化”，夯实食品安全的过程管理。强化学校领导及食堂管理人员的卫生意识。校长及相关管理人员要定期检查食堂的卫生状况，亲自为食品安全把关。强化采购及储存的管理，实行大宗食品招标采购制度，杜绝采购环节的腐败现象；实行限时控温保管、留样待查的食品储存制度，确保储存环节的食品安全。强化食品加工的过程管理，实行全过程视频监控，确保加工环节的食品安全。

47. 教会学生游泳

一、安全囧境：九成农村中小学生不会游泳

2013 年，湖北省政府应急办成立调研组，奔赴全省各地，就学生溺水事故进行专项调研，调研结果显示：①溺亡事故多集中在暑期、节假日、放学后等学生缺乏监管的时段。溺亡学生大多数是留守儿童，大多数是男生。②农村 90% 以上的中小学生不会游泳，不少在江边长大的孩子竟然也是旱鸭子，因为学校不让学生游泳，老师没有教学生游泳，父母不准孩子游泳，大家都怕出事。③施救不科学导致的溺亡现象较为普遍。

相关统计结果表明，溺亡占中小学生非正常死亡的比例为 44% ～ 46%，已成中小学生非正常死亡的头号杀手。

二、典型案例

救了别人，却丢了性命

2011 年 6 月 29 日（星期三）下午，湖北省襄阳市十多名小学毕业生相约来到江边玩耍。其间，两名女生不慎滑入深水。

情急之中，女生小星跳进江中救人，在两名男生的协助下，成功救起两名落水同伴。然而，紧急情况下，小星竟忘了自己不会游泳，在将落水同伴推上岸后，她自己却滑入深水，溺水身亡。

这是一起因不会游泳而导致的溺水身亡事故。

这起事故告诉我们，施救溺水者，必须保证自己的安全，否则，不仅救不了人，还有可能搭上自己的性命。

三、安全密码：教会学生游泳

面对溺水事故，我们能做些什么呢？我们能及时赶到溺水现场吗？不能。我们能时刻陪着学生，监控学生的游泳安全吗？不能。我们能动员家长双休日陪学生去游泳吗？不能。难道我们什么也不能做吗？不！我们可以教会学生游泳。

1. 将游泳训练纳入中小学体育课堂中

目前，广东、上海、浙江、天津等省市的部分学校已开设游泳课程。这是一个很好的开端。各级各类学校应根据自身的实际，创造条件，开设游泳课，提高中小学生的游泳技能。有条件的学校应该将游泳技能作为体育课考核达标的内容。

2. 让学生掌握溺水急救四个步骤

体育老师要通过游泳课告诉学生，发现有人溺水时，要先拨打 110、120，并按下列四个步骤对溺水者进行施救。

①将溺水者救上岸。可将救生圈、木板等抛给溺水者；没有工具的话，应以呼救和报警为主。要特别强调的是，未成年人发现有人溺水时，最好不要下水营救，应立即大声呼救，或利用救生器材施救。

②清除溺水者口腔内的异物。溺水者被救上岸后，应立即把他的口腔打开，清除其口腔内的异物。

③排出溺水者腹内之水。可以采取这样的姿势帮助溺水者排出腹内之水：一腿屈膝，一腿跪地，将其腹部放置到弯曲的大腿上，让他面朝下，用手按压其背部。这样，就能将其腹内之水排出。

④进行人工呼吸。如果溺水者昏迷、呼吸微弱或者已经停止，要立即采用人工呼吸施救。

3. 经常对学生开展“五有”“七不”的游泳常识教育

“五有”即游泳时有家长（监护人）的带领，有健康的身体，有强烈的游泳安全意识，有必要的下水前准备，有关照同伴之心。

“七不”即不私自游泳，不在家长、老师未允许的情况下擅自与别人结伴同游，不在无老师和家长的带领陪伴时游泳，不到无救援人员、无安全设施的水域游泳，不到陌生的水域游泳，水性不佳者不下水施救，未成年人不参与危险的溺水施救。

4. 提醒家长关注学生的游泳安全

学校可采取发放告家长书、发短信、开家长会、做家访等形式，向家长通报近期发生的中小学生溺水事故，告知家长务必承担起学生离开学校后的安全监管职责。提醒家长放学后、周末和节假日等时段，是溺水事故多发时段，一定要加强看护和教育。

5. 建立完善溺水应急救援机制

组织教职工在校园周边水域巡察，防止学生回家途中去游泳；给相关工作人员配备溺水救生设备，比如长绳、救生圈等；加强校园应急救护人员的自救互救培训，提高其应急救援能力；有条件的学校还应配备应急车辆、船只，一旦发生学生溺水事故，迅速展开救援行动。

48. 主动防范毒品

一、安全囧境：吸毒者，越来越低龄化

《2015 年中国毒品形势报告》显示，吸毒的人年龄越来越小，青少年吸毒人员迅速增加，18 岁以下的吸毒人员已达 4.3 万名，毒品正严重威胁着广大中小学生的身心健康。

为什么会有这么多青少年染上毒瘾呢？

1. 与肤浅的生活阅历有关

广大青少年学生的知识储备有限，对毒品的危害性缺乏必要的认识；辨别是非的能力不强，对持毒、吸毒的违法性认识不足；意志力薄弱，抵制诱惑的能力差。

2. 受强烈好奇心的影响

青少年学生好奇心强，什么都想看一看，什么都想尝一尝，什么都想试一试。好奇心能带领学生步入知识的殿堂，也能带着学生误入魔鬼的地狱。

3. 受强烈逆反心理的驱使

逆反心理，是多数青少年学生都具有的心理。你要求他干的事，他可能一项都不干或干不好；你让他别干的事，他却都干。我们总对他们说："吸毒这事，可千万别碰啊！一旦碰了，你这辈子就完了！"你越是这么说，他越是想碰一下，还说："有什么了不得的？我就是要碰，看能把我咋的？"

4. 新型毒品的隐蔽性强

毒品的更新换代很快，像“神仙水”“开心水”等对人的伤害有一段潜伏期，等到病症出现时，问题已经很严重了。

二、典型案例

小学生拾到吸毒用具当玩具

2013 年 10 月 14 日下午下班后，我在小区门口碰到了三个熟识的孩子，他们正在为一个特殊的矿泉水瓶子而争论。

小玲说：“这瓶子应该归我，你们俩是男生，男生应该让着女生！”

小龙说：“这瓶子是我先发现的，谁先发现就归谁。”

远远地，我觉得那个瓶子不对劲，瓶盖上有两个孔，孔里插着两根管子。我知道，这是吸毒者吸食毒品后扔下的。

“孩子们，你们是在哪儿捡的？这东西不干净，不能玩，还是扔了吧！”

“这不是挺干净的吗？像新的一样。小龙还把他的矿泉水倒在这个瓶子里喝呢。”小玲说。

我心里一惊，忙说：“孩子们，这可不行，这瓶子是坏人吸毒用过的，快告诉我，你们是在哪儿捡的？”

“就在离我们学校大门不远处。”小龙说。

“你们赶快回去告诉家长，说在学校附近捡到了坏人吸毒用的工具，就说是姓陈的警察叔叔让你们转告家长的。”因为职业的敏感，我决定沿着孩子们上学的路走一遭。

在学校旁边一个脏兮兮的巷子里，我在垃圾桶里发现了 4 个吸毒用过的瓶子。除此之外，里面还有针管、锡铂纸等吸毒用过的东西。

我的心不禁沉重起来，学校附近怎么如此不“干净”呢？回到家里，我立刻给三个孩子的父亲打电话，请他们一定借此机会给孩子普及一下毒品预防知识，又给学校的校长打电话，希望能到学校去给全校学生做一个毒品预防讲座。

这是 2013 年 11 月 20 日，在湖北省教育厅组织的对《湖北省中小学幼儿园安全教育课程纲要》进行审定的会议上，武汉市一位戒毒专家讲述的一个案例。

这个案例表明，为中小学生开展禁毒防毒教育，形势非常迫切。

三名小学生回家途中捡到吸毒工具，因其好看，样子奇特，当作玩具，甚至还把矿泉水倒进这个吸毒工具里喝。这告诉我们：这三个孩子没有任何防毒常识，对毒品的危害性一无所知。他们就读的学校周边环境差，吸毒者肆无忌惮，不利于孩子的健康成长。

让孩子远离毒品不光是学校的事，更是全社会的事。案例中的戒毒专家，其言行举止，堪为典范。

学校应密切关注校园周边的环境，一旦发现异常情况，比如发现周边有人吸食毒品，应马上报警，请公安机关帮忙治理、净化周边环境。

三、安全密码：主动防范毒品

要控制此类安全风险，需要家庭、学校、社会、公安等部门共同努力。就老师而言，要教育学生主动防范毒品。

1. 增强学生防范毒品的意识

在遭遇毒品之前，孩子们对其危害知之甚少，一旦面对“让人飘飘欲仙，去除一切烦恼”的不良引诱，他们往往会产生试一试的欲望。所以，我们要利用一切机会强化学生的毒品防范意识。要在科学课、历史课、思想政治课中渗透禁毒防毒教育，要在法治教育中开展禁毒防毒教育。比如，请禁毒警官到学校做报告，在国际禁毒日开展禁毒防毒图片展览，组织学生参观戒毒所、参与创建“无毒社区”等。

2. 帮助学生矫治逆反心理

不少中学生认为自己已经长大，什么都懂，什么都明白，对学校和家长的教育不以为然。这种心态很容易使其染上毒瘾。所以，我们要千方百计地矫治学生的逆反心理。

3. 帮助学生矫正不良的习惯

很多不求上进的学生把抽烟等不良嗜好视为时髦，视为“酷”，这是青少年学生染上毒瘾的重要原因。因此，家长、老师要竭力矫正学生的不良习惯，比如吸烟、酗酒等。

4. 协助家长创建和谐家庭

调查表明，吸毒的中学生多数缺乏良好的家庭教育，父母整天忙于挣钱，顾不上孩子的教育，或者纵容孩子的不良习惯。因此，学校有必要协助家长，采取有效方式，和谐家庭氛围。比如，通过家长委员会、家长会、家长学校、发放告家长书等途径，帮助家长掌握有关毒品的知识，引导孩子远离毒品；提醒家长不要放弃对染上毒瘾的孩子的教育，积极承担教育责任，用亲情的力量助其戒除毒瘾；鼓励创建学习型家庭，不断提高家庭幸福指数，让孩子在良好的家庭氛围中成长。

49. 远离危险玩具

一、安全囧境：儿童玩具屡屡伤人

玩具是孩子们的最爱，它为孩子们的健康成长提供着源源不断的智力养料、情绪养料。但是，玩具也会伤人，而且伤人事件正在不断上演。

比如，2017年6月30日，暑假刚开始，浙江的小朋友球球在南昌的舅舅家和小伙伴一起玩仿真气枪，突然，球球大叫一声，捂住左侧腹部蹲下来。经检查，气枪子弹射入球球的腹腔……

又如，央视报道，2017年6月7日，浙江一名11岁的女孩在教室里做作业时，被一个突然飞来的飞镖击中，飞镖的一角牢牢地插在小女孩的头上。医生检查发现，飞镖深入头部约两厘米。

再如，《楚天都市报》报道，2016年7月5日下午，湖北省崇阳县两名少年昊昊和松松在村口玩时突然看见天上飘来一个直径达一米多的红色气球。两人想让它重新飞起来，便用电吹风吹气球表面的水，导致气球爆炸，两个少年被严重烧伤，附近几户村民家的窗户玻璃也被震碎。

玩具导致的伤害，有时是致命的伤害。

二、典型案例

牙签被射入眼中

2017年6月19日下午19点，乌鲁木齐市经开区的一个男孩鹏鹏被紧急送进新疆医科大学第一附属医院眼科病房。病床上，10岁的鹏鹏一直闭着眼睛。鹏鹏的母亲介绍说，鹏鹏的右眼被牙签射中，导致角膜穿通伤、外伤性白内障以及外伤性眼内炎。

6月19日是鹏鹏期末考试后返校的日子。那天放学后，鹏鹏并未立即离校回家，因为大家对同学小兵带来的玩具——牙签弩产生了浓厚的兴趣。

同学们兴致盎然地研究着这个新式玩具，拉满弓，放入牙签，扣动扳机，只听“嗖”的一声，牙签便飞了出去。突然，鹏鹏感到一阵疼痛，右眼难受得无法睁开。他知道，他被牙签射中了。

鹏鹏随即离校回家，但他没敢将实情告知家长，只说眼睛磕了一下，有点儿痛，看东西模糊。当天17时许，妈妈带着孩子看了两家医院后，才知道孩子的右眼是外伤所致，得立即去新疆医科大学第一附属医院进行手术治疗。

经过手术治疗，孩子的角膜裂伤被缝合，炎症也得到了有效控制，但是孩子的视力无法恢复到从前的水平。

这是一起因玩具的安全隐患引发的伤害事故。

受伤者鹏鹏属于未成年人，其认知水平和自我保护能力处于较低水平。而牙签弩具有很大的杀伤力，它个头不大，却可射爆气球，射穿纸盒，甚至可以刺破石膏板。这是一种很危险的玩具，虽然有识之士及时指出了它的潜在危险，但未引起学校、家庭的重视，也没有相关部门及时向学校示警。

三、安全密码：远离危险玩具

1. 帮助学生提高警惕

学校要利用学生集会、班主任讲评等，教学生认清玩具的不安全因素，要利用家长会、QQ群、微信群等提醒家长了解玩具的不安全因素。

常见的不安全玩具有四类。

①弹射类玩具：玩具手枪、弹珠枪、弹弓、牙签弩等。它们有一定的射伤力，应告诫学生不要对着人射击，最好不要玩这种玩具。

②含有小部件的玩具：含有珠子、小球、小钉子、纽扣等小部件的玩具，孩子玩着玩着就可能放进嘴里吞进肚子里了。要告诫孩子不要把这些玩具放进嘴里，并提醒家长适时监管。

③含有有害液体、气体的玩具：荧光棒、氢气球等。荧光棒中的荧光物质大多有低毒，氢气球遇热易爆。这些玩具里的有害液体、气体一旦泄漏，极有可能对人造成极大伤害。要告诫学生，玩时千万要注意安全。

④亲肤类玩具：面具、毛绒娃娃、塑料娃娃等玩具，若质量不合格，可能会掉色、掉毛，甚至里面藏着钢针。要告诫家长和学生仔细检查玩具质量。

2. 严格管控危险玩具

学校要及时将危害极大的玩具纳入管制范畴，严禁学生带入校园，一旦发现，予以没收。同时，提醒家长不允许类似玩具进入家庭，一旦发现，予以没收。

比如，对牙签弩，要见一个没收一个；对高仿真手枪，要见一个没收一个……当然，在没收学生的玩具后，要及时安抚学生，稳定学生的情绪，并和家长联系，取得家长的理解和支持。

学校应提醒学生和家长，可以通过适当的改造，减少或消除玩具的不安全因素。

比如弹弓，用柔软的卫生纸制成纸团子弹，便可放心地让孩子愉快地玩耍。比如枪支，让孩子玩仿真发声枪，不能射出子弹却能发出良好的音效，足以满足孩子的玩乐之心。比如弓箭，市面上有一种弓箭，完全用塑料制成，而且，箭头上有吸盘，不仅不会伤人，还能射击玻璃等表面平滑的物体，更添一份乐趣。

为教师系好安全带
——增强教师自我保护意识的6个策略

安全模式

Ⅳ

有一种校园伤害，是专门针对教师的。教师该如何应对呢？

请开启第四种校园安全模式 —— 为教师系好安全带。这非常有必要，而且特别紧迫。

在学生管理工作中，我们务必依法依规执教，不要侵犯学生的权益。要控制好师生矛盾，和谐师生关系。要处理好学生之间的纠纷，让学生心服口服。

50. 控制好自己的情绪

一、安全囧境：老师情绪失控，导致学生受伤

老师的心情不好，不仅会影响自己的生活质量，还可能激化师生矛盾，导致体罚学生事件发生，甚至导致教师伤害事件发生。

2014 年 9 月 29 日新华报业网讯，据台湾《联合报》报道，台中市一名中学女老师因情绪失控，朝学生砸塑料铅笔盒，不料铅笔盒丢歪，砸到一名无辜男生的眼睛，致使其眼睛受伤。

2015 年 11 月 19 日山东广播电视台齐鲁频道《每日新闻》报道：临沂市禹韩小学一名一年级女老师因自己情绪不好，要求全班学生每人打自己的嘴巴 100 下，且必须高高抬起，重重落下，还得带响声。部分学生把自己的脸、耳朵、嘴巴都打红了。

2016 年 6 月 26 日第二节晚自习时，甘肃省礼县一中高一（8）班班主任王老师发现马某等 8 名学生迟到并拥堵在教室门口大吵大闹，在对他们进行批评教育时情绪失控，拿起笤帚打了他们。

二、典型案例

老师情绪失控了

2004 年 5 月 9 日早上 8 点，我校 903 班班主任周某和小林等 6 名学生谈话。

事由是昨天晚寝时，小林和 5 名室友讲鬼故事讲到晚上 11 点半，尖

叫、喧哗之声响彻整栋宿舍楼。

周老师让他们先反思自己的错误，然后逐个单独谈话。

最先谈话的是小林。小林觉得他是被动喧哗，别人讲的鬼故事真的很恐怖，他情不自禁地尖叫，他没有过错。见小林态度如此，周老师便让他继续反思。

接着，周老师依次找其他5名学生谈话，他们态度很好，令老师满意，先后离开了老师办公室。

最后，周老师再次找小林谈话，从责任担当讲到集体荣誉，再讲到纪律观念。然而，小林依然觉得自己没错，只是情不自禁地尖叫而已。

终于，周老师生气了，厉声说道："你是怎么回事？我的话你一句都听不进去？"

"对就是对，错就是错！我就是没犯错呀！"小林理直气壮地说。

面对小林的针锋相对，周老师热血上涌，火冒三丈，抡起右手，一巴掌打在小林的脸上，然后歇斯底里吼叫着，不住地拍打着办公桌。

然而接下来，周老师被眼前的景象吓住了：小林的鼻子、嘴角流着血，左边脸肿得像馒头。他没想到，一个巴掌竟把学生打成这个样子。

他立即拨打了120，主动向学校领导汇报情况，主动向家长赔礼道歉，并表示全额负担医药费……

万幸的是，小林的伤势并不重，他住了两天院就回校上课了。

这是一起老师体罚学生的事件，起因是老师的情绪失控。

学生就寝后讲鬼故事的违纪事件发生后，周老师逐个找他们谈话，其他人态度诚恳，真心认错，很快就回教室上课了。而小林，却固执地认为错不在他。反复说教无果，学生针锋相对，老师怒火冲天，重重地打了学生一巴掌，导致学生口鼻流血。之后，老师诚恳地承担了责任，承认了错误，得到了学校和家长的谅解。

老师的体罚是小林受到伤害的直接原因，老师的情绪失控则是这一事件发生的根本原因。幸亏周老师善后处置恰当，矛盾很快化解。

三、安全密码：控制好自己的情绪

老师要注意做好情绪管理。具体有四个措施。

1. 把自己当成如来佛祖，把违纪学生当成孙悟空

孙悟空的“调皮”水平是无人能及的，他把凌霄宝殿闹得鸡犬不宁，但是，你见如来佛祖急过吗？就连孙悟空在他手上撒尿，在他手上乱写乱画，他都不急，因为他知道孙悟空逃不出他的手掌心。

学生再调皮，斗得过学校的纪律吗？孩子们调皮、违纪时，我们要像如来佛祖一样，用自信、冷静的心态去面对，只有这样，才能避免出现过激情绪，找到有效的解决办法。

2. 常常换位思考

从某种意义上来说，学生的错误举止不足为怪。他在知识学习上不断犯错误，就会不断增长各种知识；他在人际交往上不断犯错误，就会不断提高与人交往的水平；他在纪律上不断犯错误，就会不断增强纪律观念。

如果我们从学生的角度看问题，可能就没有那么多烦恼了，可能就会对学生不成熟的想法和做法多一些理解，从而缓解自己的情绪，减少师生的矛盾与冲突。

3. 学会赏识学生

何为赏识学生？就是多看学生的优点，少看学生的缺点。

若是我们只关注学生的缺点，必定会忽视他们的优点，我们的情绪就定然不佳。若是时时关注学生的优点，并努力使其优点不断发扬光大，那么，我们的心情定然是愉快的。

4. 转移注意力

情绪激动时，为了不让其失控，我们可以有意识地把注意力转移到其他事物或活动上去。

我曾有过一次这样的经历：上课时，发现坐在最后面的两名学生在打扑克。当时，我非常恼火，有大发雷霆的冲动，但是那段时间，我因为出差时间长，授课任务落下了一大截，便努力克制住了冲动。我先是用眼神示意他俩别玩了，继而边讲课边来到他们身边，逐个拍拍他们的肩膀，然后继续巡回讲课，成功地把注意力从他们俩身上转移到教学内容上来，顺利完成了教学任务。

下课后再找他们谈话时，我的心态非常平和，他们也以非常好的态度接受了我的教育。

我得到了一个全新的体验：处理学生违纪事件，原来可以如此轻松。

51. 寻求领导支持

一、安全囧境：针对教师的舆论伤害屡见不鲜

舆论伤害是老师经常遇到的事，根据具体情况，可将其分为两种类型。

一是口耳相传的舆论伤害。即学生、家长、社会人士议论老师的不是，说老师坏话。这种伤害多为背地里发生，老师本人多半不知情，知情者往往会善意隐瞒，不让其感受到。然而，真相总会有人点破，伤害迟早都会降临。

二是网络舆论伤害。即学生、家长、社会人士通过微博、QQ、微信、手机短信等社交媒体说老师坏话，甚至造谣中伤，污蔑攻击。这种舆论伤害的特点是传播快、持续时间长、伤害程度深。

面对网络上的“千夫所指”，遭遇伤害的老师往往不知所措，不知道如何维权，更不知道如何追究造谣中伤者的责任。

二、典型案例

蒙受舆论伤害，老师辞去公职

2013 年 5 月 20 日，湖北省宜昌市某论坛爆料：班主任李老师强迫学生订牛奶，只有订了牛奶的同学才能坐下，未订牛奶的同学要罚站。一夜之间，跟帖人数达到 100 多，引起了强烈的社会反响。

经过仔细调查，真相大白：此次订牛奶事件的缘起是当地政府牵头，于 2013 年春季学期实施学生奶计划，学生自愿订购，厂家按时配送。

李老师在统计订购人数时，先是要订购者举手示意，清点举手的人数，发现和登记在册的订购人数有出入。继而，李老师让未订购者站起来，清点未订购的人数。两相对照，才弄清楚了订购牛奶的人数。

当晚，学生回家向家长讲述发生在教室里的这一幕，某家长断章取义，在论坛上爆料，引发不明真相的网民对李老师群起而攻之。

网民对李老师的议论相当不客气："应开除这名教师！""为师不尊，治班无德！""这样的教师是害群之马！"……

事情发生后，李老师委屈万分，及时逐层向年级主任、政教主任、分管副校长、校长反映情况，请求领导帮忙消除谣言，并申请辞去班主任职务。

鉴于网上跟帖数量众多、舆情复杂，经研究，校长同意李老师暂时辞去班主任职务，并亲自主持善后工作。

①召开学校管理人员会议，通报情况，在教师群体中为李老师挽回影响。

②召开该班家长会，在本班家长范围内挽回对李老师的不利影响。家长会上，家长们听说要换班主任，都不同意。会议结束时，家长们不让校长离开，要求校长收回成命。校长反复强调，原班主任李老师非常优秀，他是因为身体有病才申请辞职的，待他身体康复后，立即恢复他的班主任职务。

最后，教育局纪委调查组向社会公布了事情的真相，针对李老师的不利舆情有所好转。

然而，李老师却无法承受这样的委屈，辞职了，离开了他热爱的教师岗位。

这是一起针对老师的舆论伤害事件。

此次舆论伤害事件针对性很强，说李老师强迫学生订牛奶，不订牛奶就罚站，是撒谎造谣，污蔑中伤。而且，网上跟帖人数众多，不明真相的网民蜂拥而上，发表评论，恶化了社会影响。

事发后，李老师逐层向年级主任、政教主任、分管副校长、校长汇报事情真相，取得了学校领导的大力支持。校长亲自主持善后工作，很快遏止了针对李老师的舆论伤害。

三、安全密码：寻求领导支持

如果把学校比作老师的家，那么，学校领导就是家里的依靠，而校长就是学校大家庭的家长，当家主事，他排第一。

因此，遇到事情时，老师要寻求领导的支持。

1. 就教师而言，下列方法可供参考

①珍惜学校的声誉。无论我们在哪所学校工作，无论学校的情形如何，无论学校对我们个人怎么样，无论我们和学校领导的私人关系如何，我们都应该明白，学校的声誉都是我们老师的宝贵财富。珍惜学校的声誉，学校才有能力保护我们。

②如实向领导报告情况。针对老师的伤害事件发生后，当事老师应及时将实际情况（包括工作中可能存在的疏忽和过错）报告学校领导，请求学校领导介入善后工作。如果伤害较为严重，甚至已经间接伤害了学校的办学声誉，学校领导一定会站在学校发展的高度来考虑问题，一定会亲自主持善后事宜。

2. 就学校领导而言，下列方法可供参考

①召开全体教师会，澄清事实，陈述真相，在学校范围内挽回影响。

②召开相关范围内的学生会、家长会，告知真相，在学生和家长范围内挽回影响。

③向上级行政部门、公安司法部门求援，用行政手段、法律手段控制事态，遏止伤害，挽回损失。

④如有必要，应召开新闻发布会等澄清事实，说明情况，挽回影响。

52. 取得家长的信任

一、安全囧境：另类家长，动辄威胁老师

有一类家长，他们特别疼爱孩子，孩子受一丁点儿风吹雨打就大惊小怪，甚至夸大其词，要老师承担责任。

孩子成绩下降了，他说是老师没有教好，要老师负责任；孩子在校园里玩耍时擦破一点儿皮，就怪老师没有照看好孩子，要老师带孩子去打破伤风针；孩子被老师批评后，觉得很委屈，他便来学校大吵大闹，说老师冤枉了孩子，要老师给孩子赔不是；孩子和别人闹了矛盾，他竟跑进教室里把与自家孩子闹矛盾的同学打了一顿。

这种类型的家长，动辄大吵大闹，威胁老师，恐吓别的家长，甚至出手伤人，威胁着领导、老师和学生的安全。

二、典型案例

校长参与善后工作，险被家长砸伤

2012 年 3 月 12 日，某小学二年级男生东东用铅笔在同班女生莉莉脸上画了一下，莉莉脸上留下了一道浅浅的铅笔印。班主任覃老师忙安抚莉莉，批评东东，并帮莉莉洗去了脸上的印迹。

东东特别好动，常伺机在同学的书上、衣服上留下痕迹。平常，他的调皮举动总能得到同学及家长的谅解，但这次，莉莉爸爸却不依不饶。

当天下午，莉莉爸爸找到覃老师，说孩子破相了，非要揍东东一顿不

可。在覃老师的协调下，东东和家长分别给莉莉及其家长道了歉，事情暂时平息。

可放学时，莉莉爸爸又到覃老师的办公室大声吵闹，说莉莉脸上还有铅笔印，铅是有毒的，这么长时间了，还无法完全洗掉，肯定中毒了。覃老师赶忙看向莉莉的脸，没有发现印迹，再靠近孩子的脸看，才隐隐发现似有似无的印迹。

覃老师只好请来校长协助善后工作。校长对家长的话很不理解，颇有微词："你怎么连这点儿常识都没有，这怎么会中毒呢？"

校长话音刚落，莉莉爸爸大发雷霆，提起椅子就往校长身上砸，幸而被覃老师拦住。接下来，莉莉爸爸强烈要求学校把孩子带到武汉大医院去治疗。

晚上，覃老师又把东东家长请来，校长请双方家长吃了一顿饭，并请来一位皮肤科的医生作陪，医生从医学的角度做了大量解释，其他在场的人说了一大堆好话，才把这件事平息下来。

这是一个家长不相信老师，无理取闹，几乎砸伤校长的案例。

莉莉爸爸因为莉莉脸上的铅笔印没有完全洗掉，担心孩子铅中毒，要学校把孩子带到武汉大医院去治疗。表面上看，这是缺乏常识的无理取闹，实际上是对老师、校长的极度不信任。

三、安全密码：主动出击，取得家长的信任

班主任一旦发现另类家长的孩子出了状况，一定要尽心尽力，哪怕费尽口舌，也要消解家长的困惑，解除家长的疑虑，防止家长出现危害老师的另类举动。

我们建议老师主动出击，在孩子尚未出现异常状况时，就主动联系，取得家长的信任。

1. 找出班里的另类家长

每接手一个新的班级，都要想方设法了解学生、了解家长，尤其要搞清楚哪些属于另类家长。具体办法如下。

①让学生以周记的形式介绍一下家长，从中发现家长的特别之处。

②让家长给班级管理提意见和建议，从中发现家长的另类特质。

③分类召开学生家长会。如召开性格活跃者家长会、寡言文静者家长会、顽皮捣蛋者家长会、成绩优秀者家长会、特长生家长会、有特殊疾病者家长会、经济困难者家长会，等等，辨别出另类家长。

2. 拉近距离，取得信任

筛选出另类家长后，我们要加强与他们的联系，拉近与他们的距离，取得他们的信任。如若不然，等到孩子出了问题后才和他们沟通，往往就会陷入被动。

怎么取得他们的信任呢?

真诚关心孩子的进步，把孩子点滴的进步和明显的不足及时告知家长，并根据自己多年的工作经验提出合理性建议。

比如，孩子的成绩取得了进步，应向家长报喜，并和家长约定一起给孩子提更高的要求。孩子的作文得奖了、书法作品被送去展览了、晚会上表演了精彩的节目等，也要及时向家长报喜。

孩子上课不听讲、打瞌睡，要及时向家长反馈，并真诚地关心孩子的睡眠状况。孩子生病了，要亲自把孩子送到医务室或医院治疗，及时告知家长，真诚了解孩子的病史。孩子晚上就寝违规讲话导致班级荣誉受损时，应用平静的语气向家长反映情况，并希望家长帮助孩子树立集体荣誉感。孩子打架了（双方均没受伤)，要及时向家长说明事情的经过，委婉指出孩子的不足，强调孩子的成长需要家长用心血浇灌……

频繁而真诚、客观而冷静的沟通，会让家长感受到老师关心孩子的赤诚之心，这样，另类家长就会信任老师，另类表现就会越来越少，甚至消失。

53. 拿捏好评价分寸

一、安全囧境：评价失当，家长追责，老师受伤

学生评价是教育、教学管理的重要内容，它体现着教师的素质和智慧，关系到学生的尊严和荣誉，涉及校园的公平和正义，影响学生的身心安全。

实际工作中，因对学生的评价不当而导致学生心理失常，引发学生伤害事故的现象时有发生。

发生这样的安全事故后，家长势必会追究老师的责任。

若是站在老师的立场上看，为学生伤害事故承担责任，实质上是评价失当对教师的反噬。

所以，如何评价学生，应引起广大教职工的高度重视。因为由评价失当引发的学生伤害事故，不仅会伤害学生，也会伤害老师。

二、典型案例

老师一句话，让学生撞墙

2007年，某校物理老师鲜某上课时，发现女生覃某的校服拉链敞开着，里面衣服的领口很低，便提醒她把拉链拉上去。

不知是没听见，还是没引起重视，覃某毫不理会。

考虑到要完成教学任务，鲜老师没有继续纠缠此事，开始上课。

完成了课堂教学任务，待学生集中精力做作业时，鲜老师把覃某喊出教室，在走廊里和她交流，希望她注意个人形象。

“老师，你又不是我们班主任，干吗管这事？再说，你看现在电视、网络上，漂亮的女人都是这样穿的！”覃某振振有词。

“你 —— 你现在还是学生，不是明星啊！再说，你的集体荣誉感哪儿去了？”鲜老师继续她的说教。

“我的穿着怎么会涉及班级荣誉？少给我扣帽子！”覃某的声音小了很多，她极不情愿地把校服拉链拉了上去。然后，鲜老师让覃某进教室去做作业。

可是，覃某一走进教室，噗的一声，又把校服拉链拉了下来。

这下，鲜老师被惹恼了，她指着覃某怒气冲冲地说：“你太不像话了，袒胸露乳地像个‘三陪’，成何体统！”

顿时，覃某愣住了，继而，她哇的一声哭了出来，冲出教室，冲向厕所。

鲜老师也愣住了，因担心覃某的安全，也赶紧出了教室，跟着跑进厕所，发现覃某正在用头撞墙，额头上流了好多血，衣服都被染红了……

见到如此情景，鲜老师赶紧安抚覃某，并给班主任打电话。班主任了解情况后，跑过来边把覃某扶到寝室，边安慰她。然而，覃某总是一言不发，当天下午，家长来到学校，也加入安抚覃某的队伍中……

此后近一个月的时间里，覃某失去了往日的欢声笑语，总是一脸的阴郁。渐渐地，她拒绝来学校上学。两个月后，她转学了。

迫于家长的追责、上访，学校最终给了家长 2 万元的经济补偿，而鲜老师也受到了行政警告处分。

这是一起教师评价失当引发的学生伤害事故。

鲜老师在批评学生覃某时没有拿捏好分寸，以“三陪”一词警醒她，存在评价失当的问题。覃某因此受到刺激，以头撞墙。此后，出现不良的心理状况。

最终，学生遭受巨大伤害，又反过来导致老师、学校遭受重大损失。

三、安全密码：拿捏好评价分寸

针对评价失当导致的师生伤害事件，风险控制措施是：评价学生要拿捏好分寸。

1. 杜绝重结果不重过程的评价

课堂上，我们常给予表现突出的学生“你真棒”等点赞式评价，但并未指明给予其好评的原因。这样的评价会使学生因为不知道自己“真棒”的具体原因而迷失方向。久而久之，他们就会把自己的成功建立在老师的表扬之上。这对学生的健康成长是不利的。

对学生的评价，不仅要重结果，而且要体现过程。

2. 尽量不用比较式差评

以下是一个班主任讲评的片段。

“今天的大扫除谁的表现最好？”班主任问。

一名学生主动站起来说：“我负责的门窗擦得很干净！”班主任对他的表现并不是特别满意，勉强对他说：“你的表现真的不错！还有比他的表现更好的吗？”

又一名学生站起来说：“老师，我的黑板擦得最干净！”可是，他也不是班主任最满意的，班主任便又问道：“大家说说还有谁的表现更好。”

卫生委员站起来说：“老师，珊珊同学带病参加大扫除，表现最好！”终于等到了最需要的答案，班主任说：“是的，珊珊的表现最好，希望大家向她学习！”

“不错”“更好”“最好”，老师的评价逐次拔高。事实上，虽然珊珊精神可嘉，但其劳动成果未必真的最好。

我们应尽力避免比较式评价，这样做，表扬一个人，会伤害一大片。

3. 杜绝贬责、打击、侮辱性评语

老师评价学生时要措辞恰当，严禁使用“笨猪”“笨蛋”“傻瓜”“王八蛋”“老鼠屎”“丑三八”“睡猫”“胖妹”“门外汉”等侮辱性词语。

4. 评价时要保持良好的情绪

一旦情绪失控，评价也会失控，事后往往后悔不迭：“这话是我说的吗？我怎么会说出这样的话？”

54. 不要针尖对麦芒

一、安全囧境：和家长、学生针锋相对，老师受到伤害

在家校联系中，我们时常会碰到爱攻击人的家长。他们总会说："我觉得你对我儿子的作业批改得不够仔细！""老师，要是我的孩子考不上重点，就是你的责任！""老师，我不会在儿子的作业本上签字，我不可能管理孩子的作业！"此时，若和家长针锋相对，你可能就会被家长投诉到教育局，给自身的职业安全埋下隐患。

发生学生伤害事故后，更不能和家长针锋相对。那时，家长可能正处于不满和埋怨中，甚至处于对学校和老师的愤怒中。此时，家长的言语难免有失偏颇，难免充满责备，甚至出现恶语中伤的情况。如果我们不冷静面对，和家长做口舌之争，极有可能导致事态恶化，发生直接针对老师的伤害事件。

另外，老师批评学生时，若不能让学生心服口服，往往就会导致学生的不满和怨恨。

二、典型案例

和家长针锋相对，张老师被家长投诉

张老师是某实验中学的语文老师、班主任，他年轻气盛，责任心强，但不善变通。

2007 年 5 月的一天，他班上的小丁同学家长应邀来到学校。张老师开

门见山："小丁家长，我想强调的是，小丁的家庭作业是我最不放心的，因为你们没有督促孩子写作业。"

"老师啊，我们两口子都是公务员，工作和应酬上的事太忙，已经好长时间没双休了，实在没时间管孩子的作业呀！"家长解释道。

"谁没有工作呀！谁不忙啊！谁没应酬哇！"张老师针锋相对。

"我说的是实际情况，每当深夜回家，看着睡梦中的孩子时，我们不忍心叫醒他！"家长的情绪开始激动起来。

"有一句话是怎么说的？最大的事业是孩子的成长，最大的投资应该是孩子成长方面的投资。"张老师没有注意到家长的情绪变化。

"你说的我会不懂吗？这个道理不需要你说！"家长越来越激动。

"那你为什么不辅导孩子的作业，不在孩子的作业上签字？"

"是不是教育局局长规定家长必须在孩子的作业上签字的呀？"家长的情绪越来越坏。

"这不是局长的要求，这是我在家长会上对家长提出的要求！你不管孩子的作业，不在作业上签字，孩子怎么可能健康成长？"张老师把不签字的危害夸大了。

"我的孩子怎么就不能健康成长？你怎么能这么说？"家长质问张老师，"要是我的孩子真的不能健康成长，你作为老师难辞其咎！"

"算了，那你以后就别给孩子签字了！"张老师赌气地说。

第二天，校长找张老师谈话："你跟家长是怎么说的？他对你相当不满，已向教育局投诉你，你自己看吧！"校长边说边递给张老师一份材料……

这是一个教师和家长针锋相对的典型案例。

老师要求家长督促孩子写作业，在作业本上签字，这是提高学生成绩的常用做法，但并不是放之四海而皆准的真理。案例中，小丁家长没有被调动起来参与孩子的学习管理。

张老师缺乏与家长交流的经验：在家校沟通之前，未对家长的职业、个性等做必要的了解。在家校交流中，张老师高高在上，把家长当学生一样训斥。对家长的解释，张老师针锋相对，没有体现出尊重家长、理解家长的基本立场，最终激怒了家长，遭到家长投诉。

三、安全密码：不要针尖对麦芒

1. 要有宽容之心

我们在教育学生时，在纠正家长的某个错误做法（观点）时，必须认识到：教育不是改造人，而是唤醒人。可是，个别老师对学生实施的是一种解恨式的惩罚，目的是制服学生，让他们害怕违纪。这样做，容易使学生身心受伤，甚至会使学生失去理智。

对家长更是如此，家长是成年人，自尊心更强，在家校交流时更要有宽容之心，尤其是交流家庭教育问题时，一定要对家长的做法充分理解，宽容家长的错误。在此基础上，家校交流才会顺畅。

2. 要有迂回之策

有些学生经受不了当头棒喝，我们便要多拐个弯，迂回曲折地达成教育目标。比如，你一脸严肃地要给学生纪律处分，学生受不了，就应该马上改变策略："你觉得这样做对吗？""要怎样做才对呢？"以此引导学生自己反省问题，效果会好许多。

而家长往往更承受不了当头棒喝。在纠正家长的错误做法时，一定要注意措辞，千万不要把孩子说得一无是处，更不要有明显的责备之意。千万不要对家长说："这孩子你是怎么教的？""家长会上我反复强调过，你为什么不按我说的做？""你的家庭教育怎么老是和学校教育不合拍？"这些话会强烈刺激家长，有可能让他对你心生忌恨。要让家长在和风细雨的交流中理解你的苦心、赞成你的观点、接受你的建议。

3. 要有调控之法

对学生进行教育也好，和家长进行沟通也罢，我们都要善于根据交流过程中的情况及时调整策略，灵活机变。

比如，当学生不服气时，我们可以让学生自己说，然后根据学生的说法给予恰当的引导。当家长不赞成我们的说法时，切勿与家长发生争执，可以自我解嘲地说：“这是我的一家之言，不一定对，但我的目的是优化孩子的学习状态，优化我们的监管状态。”如此，才不会出现针尖对麦芒的情形，才能避免学生、家长对老师产生不满、厌烦甚至痛恨情绪，才能避免由此引发的对老师的伤害事件。

55. 把事往坏处想

一、安全囧境：小事也可酿成大祸

教师伤害事件，有一部分源于班级常规管理的小事。比如，没收学生的手机导致学生杀害老师。比如，学生挨了处分，公然在校园里追打老师。学生的张狂程度，让人瞠目。比如，学生受到委屈，家长跑到学校殴打老师。被打老师，实在冤枉。……

为什么会这样？

是因为学生无知、家长不讲道理，还是因为老师疏于防范？

三者往往兼而有之，其中最值得重视的是老师疏于安全防范。

二、典型案例

手机被没收，学生将班主任刺死

2013 年 9 月 13 日，江西省临川二中高三班主任孙老师在课堂上发现学生雷某在玩手机，当场予以收缴，要求雷某请家长来校领回手机，并借此机会对学生进行教育："同学们，已经高三了，高中生活已经没有几天了，你们要把心思用到学习上来呀！"

雷某成绩较差，经常上网玩游戏，最近迷上了一款叫"英雄联盟"的网络游戏，他有时在手机上玩，有时去网吧玩。

9 月 14 日上午 8 时许，雷某向学校领导表达对孙老师的不满，请领导帮忙调解，要回手机。

鉴于学生对老师心存芥蒂，不利于老师的班级管理，学校领导请来了孙老师，调解双方的矛盾……经过近20分钟的调解，双方平静地离开了。

上午11点多，雷某来到办公室，站在孙老师的办公桌前，想说什么，却欲言又止，站了一会儿，又出去了，然后又进来站了一会儿。这时，办公室里仅有两名老师，除孙老师外，还有一名老师在埋头备课。

突然，雷某拿出一把匕首，猛地向孙老师的脖子刺去。顿时，孙老师血流如注。雷某随即跑出办公室，离校逃亡。孙老师手捂脖子倒在地上，倒地的声音惊动了另一名老师。发现孙老师倒在血泊中，他赶忙跑到办公室门口大呼“不好啦，杀人啦”，并拨打了110、120。

然而，未等120急救车赶到，孙老师便因流血过多，停止了呼吸。

而雷某在逃亡数天之后投案自首，并向警方真心悔过：“我非常后悔……过去，我对老师只有怨恨，而且这种怨恨越积越深……”

这是一起学生违纪后，老师的处理措施不到位，学生不服气导致的重大伤害事件，孙老师被学生残忍地杀害。

悲痛之余，我想，孙老师的悲剧能否给我们带来什么启示呢？

假如把事往坏处想，兴许，悲剧就可以避免。

没收学生的手机之后孙老师可以把事往坏处想：雷某不服我，怎么办？我是不是应该和他谈谈高考、谈谈前途？我是不是应该马上把家长请来协助我做工作？

雷某请学校领导调解师生矛盾时，学校领导可以把事往坏处想：孙老师和雷某之间的矛盾应该不会激化吧？我要不要说服孙老师把手机还给学生？

面对学校领导的调解，孙老师可以把事往坏处想：看来，不把手机还给雷某，他有可能没完没了。

雷某行凶之前反复进出教师办公室，孙老师可以把事往坏处想：这雷某是怎么回事？有话他不说，就这么进进出出、走来走去的，该不会出什么事吧？我得和他谈谈。实际上，雷某是在做激烈的思想斗争，他的内心正在做最后的挣扎。

三、安全密码：把事往坏处想

小事酿成大祸，确实出人意料。然而，小事处理不好，导致事态恶化，也在情理之中。对此，我们建议老师凡事先往坏处想，防患于未然。

1. 处理学生的小问题时，把事往坏处想

比如，在没收学生的手机、小说等之后，先往坏处想一想：这孩子服气了吗？我需不需要采取后续措施？需不需要和家长沟通一下？

和性子倔的学生发生言语争吵之后，先往坏处想一想：这孩子会记仇吗？他会不会对我采取报复行为？

对经常违纪的学生进行教育时，先往坏处想一想：这样做能不能起到良好的教育作用？我要不要变通一下教育方式？

如此，我们就会有很多后续措施跟进，也许就可以避免针对老师的伤害事件发生。

2. 重视与家长的交流

教育违纪学生时，一定要想办法和家长取得联系，得到家长的理解和支持。如果家长对老师（学校）有负面看法，更要及时与家长沟通。

然而，事实可能正好相反，对老师有意见的家长，我们往往不愿和他交流，甚至还自我安慰：某某家长那个样儿，谁和他说得通！

事实上，只要家长希望自己的孩子有个好前途，我们就有办法和他交流。

有人说："那些不懂教育、不讲道理的家长实际上最好'忽悠'。"这话我觉得挺有道理。这里的"忽悠"，并不是欺骗，而是指用灵活多变的言辞取得家长对学校教育的支持与配合。

3. 把因材施教落实于行动中

我们的学生不是人人都遵规守纪，不是人人都聪明好学，不是人人都能考上名牌大学。因此，用同样的标准要求所有学生，用一把尺子衡量所有学生，是不可取的。

对那些接受能力稍弱的学生，我们应降低学习要求；对那些行为习惯不好的学生，我们应允许他们逐步改掉坏习惯。只要学生有进步，就应该肯定和表扬。比如，常常迟到的学生，某天准点到校，就可以表扬一下；常常拖交或不交作业的学生，某天按时交了作业，也可以表扬一下。

给事故加道安全门

——规范事故善后处理措施的9个策略

安全模式

V

如果发生了校园安全事故，而且你就是班主任，或者是当事人，或者是主持善后工作之人，你该如何应对呢？

请开启第五种校园安全模式——给事故加道安全门。

也就是通过及时报告领导，优化善后程序，邀请和事佬，警、校、家三方联动，合理利用家长资源等策略，救治受伤师生，防止事态恶化，划分事故责任，消除各方矛盾，迅速平息事端。

56. 及时报告领导

一、安全囧境：发生师生伤害事件，领导却被蒙在鼓里

比如，班上两名学生打架互伤，老师担心挨领导批评，瞒着领导自行处理。实在处理不了，才不得不向领导求援。但此时，家长已对学校产生了严重怨气，事情已变得对学校非常不利。

又如，家长对老师心怀不满，扬言要举报老师。老师本该及时报告领导，但担心别人说他处事能力差，未及时报告。直到家长举报该老师后，领导才知晓内情。此时，领导想要维护老师的利益，难度已非举报之前可比。

不及时报告领导，就不能得到领导的指点，事情可能会进一步恶化。

如果造成重大负面舆情，会让领导措手不及，会给学校声誉造成不利影响。

二、典型案例

学生在校被绑架、囚禁，案发两月校长竟不知情

临近放寒假时，某中学初二学生小雯遭遇同年级学生龚某、初三学生向某以勒索财物为目的的绑架、囚禁，他们要小雯承认偷了他俩的手机。小雯不承认，遭到二人暴打，并被囚禁在五楼一间寝室（该寝室的人被二人赶到别的寝室和别人挤着就寝）里。凌晨2点，小雯悄悄离开“囚室”，从3楼翻到2楼，再从2楼跳到1楼，用校内IC电话向爸爸求救，再从围墙翻出去，直到凌晨4点半，小雯终于见到了匆忙赶来的爸爸。

次日，小雯家长与另两名学生家长在保卫科工作人员的协调下达成协议：龚某、向某家长承担小雯的医疗费，因治疗尚未结束，故待新学期开学时具体落实。

新学期开学之日，小雯家长如约来到学校，但龚某、向某的家长没来，医疗费不了了之。

新学期开学一个月后，悲剧再次发生。上午10点左右，前次绑架者的同伙——小雯同班的范某等6人，将小雯胁迫至校外荒野处，集体殴打，强迫小雯承认偷了龚某的手机。在经受半个小时以上的集体殴打后，为了保命，小雯承认偷了手机！中午，小雯爸爸带小雯去医院看急诊，并打电话报告学校有关部门，拨打110报警。

下午4点左右，小雯爸爸与该校校长通电话，校长说，他刚知道小雯两个月前就遭受过其他学生的恶性绑架，并承认是他没处理好前次事件，才导致伤害案件再次发生……

这是一起未及时报告校长，导致一再发生的学生伤害事故。

这个案例给了我们非常深刻的教训。因为没人及时报告校长，也没人报警，小雯不仅没有得到公道，而且受到更加惨无人道的伤害。若是前次事件发生时，家长直接报警，或直接找到校长，或者保卫科报告校长，施暴者定会受到学校纪律的处分。若是小雯家长未拿到医药费时去找校长，不让事情不了了之，我想，校长一定会还小雯以公道，而且小雯极有可能不会受到第二次伤害。

三、安全密码：及时报告领导

及时报告领导，说起来容易，做起来却不那么容易。那么，如何才能让这一重要的安全密码握在手中，落地生根呢？

1. 充分认识及时报告领导的重要性

及时报告领导，首先是程序问题。《学生伤害事故处理办法》明文规定：要在第一时间将事故相关情况逐级报告各级领导。

它还能体现你的工作智慧。报告领导后，你会从领导那里得到善后工作的具体指导。借领导的智慧解决自己工作中的实际问题，你是不是很有智慧？

它更涉及责任分担的问题。你若独自面对，不向上报告，出了乱子，责任全部由你承担。若是你报告了相关领导，那么，领导必然会与你一起分担事故处理的责任。

2. 防止行动上的遗忘症

很多老师都有这样的经历：本来要去找校长谈事，但碰到一个同事，一起聊了两句，竟把找校长的事忘了。再次想起时，事态已经很严重了，怕校长批评，便干脆瞒报或不报；或者事情已经圆满解决了，认为已不必向校长汇报了。我们既要克服报告遗忘症，又要克服瞒报、不报的错误思想。

可以随身带一个记事本，专门记录需要向领导汇报的事，每天定时翻开——上午上班时、下班时看，下午上班时、下班时看。这样就不会忘记。

3. 实行安全事故报告制

这是学校管理层面要解决的问题。

校园里发生安全事故后，现场有关人员或首遇责任人应当立即报告校长、分管副校长、部门负责人等，并主动参与善后工作。报告内容包括时间、地点、伤亡情况、简要经过、已采取的施救措施、初步调查的情况，等等。

学校实行事故报告责任制，即现场有关人员或首遇责任人承担事故的上报责任，如未履责，应给予他们适当的处分。

校长接到事故报告后，要立即按《学生伤害事故处理办法》组织抢救伤者，协调处理矛盾，并立即报告教育局和相关安全职能部门（火灾要打119，治安事故要打110，中毒事故要报告食品药品监督管理局和卫生防疫部门）。

57. 主动承担责任

一、安全囧境：学校推卸责任，家长怨气冲天

在实际工作中，我们可能因学生推卸责任而恼怒异常，找家长说理，找年级主任、教务主任诉苦。推己及人，若老师在学生伤害事故处理中推卸责任，家长也会愤怒，或当面指责，让你下不了台；或到校长、教育局局长那儿去告你。若是学校领导在学生伤害事故处理中推卸责任，家长可能会组团上访。所以，发生学生伤害事故后，老师也好，领导也好，千万不要推卸责任。

二、典型案例

学校领导推卸责任，学生亲属围堵校门

2014 年 3 月 12 日 13 点半左右，某校学生兰兰在教室里自习，同班男生小姜恶意中伤兰兰，说兰兰在他的抽屉里翻过之后，他的 50 元钱不见了。老师在没有真凭实据的情况下，便确认“兰兰到小姜的抽屉里翻过”，然后扣掉了兰兰当日的量化评分 5 分（兰兰所在班级实行学生量化评价制度）。兰兰感到委屈，在教室里痛哭，14 点左右，她哭着跑出了学校，跳进附近的小河里自杀了。兰兰跑出学校时，门房保安并未阻止。随后，老师追赶出来，终因发现太晚，兰兰的生命画上了句号。

在后来的善后协商中，学校某领导说：“学生是在校外出的事，学校不负责任，但考虑学生家境贫寒，我校愿意出丧葬费。”

家长闻言，拍案而起，称学校领导无德无知，并唤来近百名乡亲堵住校门，引发了严重的社会治安事件。

学校报警后，警察做了大量工作，但仍无法让众人散去。

为了避免事态进一步扩大，学校领导在认真研究后做出妥协，赔偿家属 20 万元。家属随后带众人离开学校。

这是一个学校推卸责任导致事态恶化的典型案例。

案例中，兰兰的死，老师是有责任的，他在没有真凭实据的情况下便处罚兰兰。兰兰委屈万分，在教室里痛哭。按理说，此时，老师应该会意识到很有可能冤枉了兰兰，就算没有意识到，最起码也应该安抚一下她。可惜，老师没有这么做。

门房保安也是有责任的，兰兰跑出校门时，保安既未阻拦，也未询问。若是保安将其拦住，询问缘由，悲剧或可避免。

善后协商中，学校领导为了少承担责任，不顾及家长的感受推卸责任，说“学生是在校外出的事，学校不负责任”，彻底激怒了家长，导致近百名乡亲围堵校门，引发了严重的社会治安事件。

有责任是推不掉的，不如主动承担责任。

三、安全密码：主动承担责任

先澄清一点模糊认识 —— 老师的责任、校长的责任、校方的责任三者既有区别，又有联系。老师的责任指的是具体的个体责任，而老师的行为是职务行为，所以老师的责任实际上是校方责任的一种体现。同理，校长的责任是校方责任的另一种体现。若是公办学校，校方的责任等同政府的责任，这就是公办学校发生重大伤亡事故后书记、市长（县长）要承担领导责任的原因。

发生学生伤害事故后，我们要主动承担责任。

1. 通知家长，这是主动承担责任的第一步

实际工作中，学校领导可能会先统一口径，再通知家长。这是可行的善后思路，但是统一口径与通知家长应同步进行，绝不能为统一口径而耽误了通知家长，给家长落下口实。

再者，从危机公关的角度分析，学校积极主动的态度能缓解家属的对立情绪，为后续处理奠定良好基础。

2. 坦诚认错，这是主动承担责任的第二步

如果在学生伤害事故中，老师确实存在过错，老师也好，学校领导也好，都要坦诚认错。

在学生伤害事故中，学校的过错主要有六个方面：①校园建筑场地、设施设备等达不到安全标准；②未建立健全校园安全管理制度；③未及时消除安全隐患；④未开展必要而及时的安全教育；⑤未有效遏止学生的危险行为、侵犯行为；⑥学生遇到意外情况时未及时救助学生等。

3. 合理赔付，这是主动承担责任的第三步

学校应在经济上给予受伤学生一定数额的补偿，或根据有关法律规定对学生进行赔偿，但是，学校不能有花钱买平安的想法，赔付时要有理、有利、有节，不能什么要求都答应。

4. 道义援助，这是主动承担责任的高境界表现

原则上说，在学生伤害事故中，如果学校没有过错，则无须承担责任。然而，学校若一推了之，则显得过于冷漠，不符合人道主义精神，不利于化解纠纷和矛盾。所以，学校应在耐心解释的同时，给予学生一定的经济补助（不是赔偿）。如果家长仍无法接受，提出远超学校预期的无理要求，则应引导家长通过诉讼解决问题，必要时学校可帮其垫付诉讼费用。

要注意的是，我们不能因为家长要求过分就对其置之不理，学生伤害事故发生后，宽慰、同情和理解比什么都重要。

58. 邀请和事佬

一、安全囧境：学生伤情轻微，善后工作却非常棘手

有的安全事故虽然学生受伤不重，但善后工作却非常麻烦。

这类事故通常由学生互相斗殴所致，学生的伤情一般不重，但双方均不反省自身，不做自我检讨，而是指责对方，且互不让步。而家长也袒护自家孩子，锱铢必较，互不让步。

学校领导（或班主任）组织双方协商解决问题时，双方家长不仅互不买账、互相指责，甚至指责学校，批评班主任，说是班主任没有尽到教育责任，才导致学生互殴受伤。

二、典型案例

强势家长互不相让，和事佬轻易化解矛盾

2015 年 4 月 17 日（星期五），某校五（1）班小号（男）和小杰（女）因在课堂上借透明胶引发矛盾：女生要借，男生不给。下课后，两人发生争执。放学后，两人在校门外打了起来，脸都被对方抓伤。保安发现后及时制止，并请来班主任主持善后工作。

班主任华老师请校医对两人的伤势进行了必要的处理，然后开始教育和安抚两人。可是两人都不服气，小杰气势汹汹，小号则号啕大哭。见此情景，华老师打电话通知了双方家长。

家长来校了解情况后，立刻开始指责对方，互不相让，场面甚是吓人。

保卫科科长见状，连忙打电话请来了校长。校长表示，请两位家长放心，学校会和双方家长妥善协商，解决问题，但双方务必冷静。如果两位家长愿意协商解决，便和班主任一起前往校长办公室。

校长提出的初步设想是：双方伤情差不多，建议互相负担医药费。

听到这个方案，女孩家长非常不满，指责校长偏袒对方，强调说："女孩破了相，今后怎么见人？"男孩家长也说："男孩也破了相，也需要整容。"……鉴于时间已晚，孩子们要回家进一步治疗，校长便提议星期六下午 4 点再到学校协商。

华老师回家后，校长打来电话说："能不能找一个双方都熟悉的人，从中斡旋？"华老师顿时眼前一亮，虽然双方家长在不同的工厂上班，但这两个工厂的老板却是同一个人，而且这个人还是华老师妻子的老乡……

第二天下午 4 点，双方家长如约而至，参加协商的还有他们的老板。在他们老板的斡旋下，双方家长很快达成一致意见：各自承担自己的医药费。若伤愈后脸上留下疤痕，需要整容，由双方按 50% 的比例承担整容费用。

这个案例中，学生的伤情不重，但善后工作却比较麻烦。

因为担心伤在脸部，可能要整容，双方家长见面后互相指责，互不相让。校长出面后，他们依然固执己见，争吵不止。

最后，在校长的提醒下，班主任请来双方家长都信服的和事佬一起协商，才达成共识，解决问题。

家长"可能要整容"的说法看似合理，实际上是无理取闹，因为根据双方的伤情推断，他们需要整容的可能不大。在这种情况下，请个和事佬非常有必要，否则这个皮还得继续扯下去。

三、安全密码：邀请和事佬

在日常学习中，学生之间难免会磕磕碰碰。这本是很正常的事，但少数家长不能冷静对待，致使善后工作久拖不决、主持善后工作的人身心疲惫。

在这种情况下，建议邀请和事佬，协助善后工作。

这虽是不得已而为之，却是促使双方和解的好方法。和事佬可以由矛盾双方的一方来请，也可以由第三方来请。和事佬需符合下列条件。

1. 矛盾双方都认识

如果矛盾双方是两个学生，和事佬就应该是双方家长都熟悉的人。如果矛盾双方是学生家长和学校，和事佬就应该是既熟悉家长，也熟悉老师的人。

2. 有一定的威信

这一点很重要，我们所找的和事佬要么是德高望重的长者，还要有丰富的人生阅历和生活经验；要么是资深公务员、公司老板或社区（乡村）干部，有威严和信誉。

3. 有一定的协调能力

和事佬要能把事说和。这种协调能力是解决矛盾的关键。邀请某人担任和事佬之前，要对此人的协调能力做出判断，别病急乱投医。对确实有协调能力者，要真诚相邀，请求其参与校园安全事故的善后协商事宜。

若是所请之人没有协调能力，没有公正之心，没有一定的威信，不仅不能把事说和，还有可能火上浇油。

59. 合理利用家长资源

一、安全囧境：老师，很多事你无能为力

学生安全管理工作给老师提出了很高要求。

学生受轻伤时，老师应该是医生、护士，及时处理伤情，让其恢复学习活动；学生受重伤时，老师应该集120司机、急救医生于一身，及时对其进行救治，及时将其送往医院；与受伤学生家长协商时，老师应该是职业调解人；代表学校应对家长的诉讼时，老师应该是法律专家、律师；老师若是重大伤害事故的首遇责任人，还应有校长之才，不慌不忙，指挥若定。

然而，老师就是老师，多数只会教书育人，没有这许许多多的本事。于是，发生学生伤害事故后，老师很无助、很无奈。

二、典型案例

学生摔成重伤，家长力挽狂澜

成老师是我校903班班主任、英语老师。2003年9月18日是成老师的英语早自习。她提前来到学校，想在上早自习之前到学生寝室去看看……

刚爬到二楼，成老师便听到一声惊恐的叫声："哎呀，我的妈呀！"接着，便是咚——咚——咚——的响声。她赶忙来到四楼楼梯口，看见班上小明同学躺在那儿一动不动，看样子，应该是从五楼楼梯拐角处滚下来的。

“小明，你怎么了？快醒醒！”可是小明却一动不动。成老师连忙给小明做人工呼吸，按压其胸部，但小明还是没有醒过来。

成老师有些慌了，赶忙往楼下跑，边跑边喊，“有人在吗？小明摔晕了，快来帮忙啊！”宿舍管理员闻声跑过来，问道：“怎么了？”

看到宿舍管理员，成老师松了一口气，忙和他一起来到小明身边，此时，小明还是没有醒过来。成老师忙打电话给家长，向家长告知情况。宿舍管理员则背着小明很快下到了一楼。

人一着急，就会出错。成老师和宿舍管理员发现一楼空无一人，顿时慌了，连忙给校长、校医打电话，却忘了打 120。

幸运的是，此刻来了一位八年级学生的家长，他是来替孩子换被子的。见此情景，他立即拨打 120，立即给医院的院长打电话，细说学生的伤情，请求医院做好急救准备。然后，他对成老师说：“院长是我同学，赶紧去医院。”

由于抢救及时，小明很快就脱离了危险。

这是一个依靠家长资源，紧急联系医院，及时救治受伤学生的成功案例。

成老师早自习前查寝时，发现本班学生小明因为下楼太急，从五楼楼梯拐角处滚落下来，摔晕在四楼楼梯口，忙对其进行人工呼吸，但是急救无效。成老师又喊来宿舍管理员将学生背下楼，并给家长、校长、校医打电话。然而忙中出错，却忘了拨打 120。

危急关头，来给孩子换被子的八年级学生家长见此情景，果断出手，拨打 120，并通知担任医院院长的同学做好急救准备，最后小明脱离危险。

小明很幸运，成老师也很幸运。

这个案例告诉我们，发生校园伤害事故时，学生家长是非常重要的应急力量。

三、安全密码：合理利用家长资源

这是创造性开展校园安全管理工作的具体表现，一方面，它有助于受伤学生得到及时救治；另一方面，它有助于事故得到公正公平、合情合理的处置。

我们可以在以下三个方面有所作为。

1. 和谐家校关系

要想请家长帮忙，就必须与家长搞好关系。这是合理利用家长资源的前提条件。一是利用家长QQ群、家长会等，密切家校关系。二是促使家长之间、家校之间良性互动，使家长们成为朋友，使老师和家长成为朋友。三是热心为家长服务，急家长所急，想学生所想，取得家长的充分信任。

2. 合理利用家长委员会

首先，可以赋予家长委员会一项特别的任务：利用家长会向家长宣传安全注意事项、法律法规常识；利用学生大会给学生剖析学生伤害事故，告诫他们牢记教训，维护自身的安全。

其次，可以邀请家长委员会成员参与事故的善后处理，尤其是参与善后协商谈判过程。必要时，请他们说公道话，调控现场节奏和现场气氛。

3. 合理利用家长职业资源

倘若班里有家长是行政官员，他若愿意，可以请他为安全事故的处理提供政策支持、提供案例以便参考。必要时，请他出面协调，效果往往较好。

请身为医生、护士的家长帮忙，他们可为受伤学生的治疗提供很多方便。

请身为交通警察的家长帮忙，他们可提供交通事故处理的权威意见。

请在法院、检察院工作的家长帮忙，他们可为事故处理提供法律援助。

…………

总之，家长是事故善后工作可以运用的合法资源，是事故善后时师生安全的重要保障。

60. 谨防事态恶化

一、安全囧境：发生安全事故后，事态持续恶化

安全事故发生后，最让人提心吊胆的是，事态进一步恶化，伤害进一步加重，损失进一步扩大。比如，学生受伤致死后，家长悲痛欲绝，当场晕倒，口吐白沫，住进医院……学生被老师体罚后，家长怒火万丈，动手殴打老师，老师住进医院……因受伤学生的医疗费未妥善解决，家长聚众闹事，阻断交通，干扰学校正常的教育、教学秩序，甚至聚众到政府闹事，干扰政府正常的工作秩序……

学生伤害事故发生后，稍有不慎，就会导致事态恶化。

二、典型案例

不重视家长的诉求，导致事态恶化

龙某，男，18岁，某校高三重点班学生，因成绩不理想，精神压力大，常彻夜难眠……2012年5月9日，就寝铃声响过，值周人员孙老师到寝室查寝，发现龙某还在卫生间站着，便小声提醒他：“亲，赶快上床休息！”可是，龙某充耳不闻。孙老师便走进寝室，小声质问他：“你是谁呀？怎么还不睡觉？”

龙某大声说：“我叫龙某，上床也睡不着！不如不睡！”

“到寝室外面说去，免得影响别人休息！”说着，孙老师伸手把龙某往外拉。

“我不去！”龙某用力将手往回拽，想挣脱老师。只听啪的一声，孙老师摔倒在地。他火了，爬起来厉声吼道：“你必须遵守规定，马上上床睡觉！”

终于，龙某爬上床了……听龙某的同学说，那一夜，他又是整夜未眠。

第二天，龙某私自离校回家，哭着对家长说：“我不读书了！”接着便不停地哭……见此情景，家长来到学校，要学校为龙某的现状承担责任。

校长非常重视，一边安排班主任刘老师去家访，对学生进行慰问，一边安排纪委书记调查当晚的具体情况，经过调查，发现孙老师的管理不存在过错。于是，学校上下便放松下来，不再积极对待家长的诉求。

可是，龙某的情况却越来越糟，经专家诊断，他患上了严重的抑郁症。

于是，家长走上了讨要说法的上访之路，几经折腾，引起了政府的重视。市长要求教育局妥善处理。于是，家长便开始策划与学校的谈判事宜。

7月7日，是全校学生放暑假的日子。这天，家长带着22个人的庞大队伍来到学校，其中，8个人参与谈判，10个人在学校门口扯着“还孩子健康”的横幅，大声宣扬孩子在学校所受的“伤害”。

谈判期间，家长所请的律师要求赔偿医疗费、残疾人赔偿金、精神损失费、可能出现的长年护理费、交通费等168万元。当时，学校领导一听就蒙了：怎么会提出这么高的赔偿要求？当校长提出要向教育局汇报情况时，站在门外的4个人一直陪着，说是怕校长跑了。

渐渐地，校门口围观的人越来越多。放假的学生出不去，校门严重拥堵……门房保安连忙打电话报警，校长立即向教育局、公安局、市政府报告情况，很快，交警、武警、特警纷纷赶往学校……

后来，经过艰难的协商，学校赔偿家长30万元。而教育局则承诺，承担孩子的复读费用，并负责给孩子转学、安排班级，等等。

这是一个不重视家长的诉求，导致家长上访、闹事，恶化事态，造成恶劣影响的案例，学校在办学声誉和办学经费上蒙受了巨大损失。

三、安全密码：谨防事态恶化

为了避免学生伤害事故的进一步恶化，我们应真诚响应家长的诉求。

1. 真诚响应

在学生伤害事故中无论学校有没有责任，都不能用不予理睬的态度面对。否则，容易使家长怨烦，甚至怒火冲天。我们务必真诚响应家长的诉求，让家长相信学校是积极的、真诚的。

2. 精心安排

发生重大伤亡事故后，学校要安排懂政策、会说话的领导主持善后工作，安排责任心强、心地善良、坚持原则、灵活机变的老师参与善后工作。

绝对不要安排事故的直接责任人参与善后工作，否则，容易引发新冲突。

3. 统一口径

重大伤亡事故发生后，学校要迅速弄清事实真相，分别召开教师会议、学生会议，通报情况，发布准确消息，避免不同版本信息、猜测式信息、谣言式信息的传播。

4. 遵循规律

学生伤害事故的善后工作一般可分为失控阶段、冷静阶段、胶着阶段、理智阶段、妥协阶段。

事故善后工作的最初阶段是失控阶段。在这一阶段，家长的情绪极易失控。学校要马上启动预案，弄清情况，及时上报。

家长的情绪基本冷静下来后，善后工作的焦点往往是经济赔偿。此时，学校领导可与法律顾问一起划分责任，协商赔偿事宜。

如果双方在赔偿事宜上分歧很大，就进入了胶着阶段。此时，学校应该不卑不亢，提议通过司法途径来解决分歧。而家长极有可能采取无理取闹的方式争取主动权，学校要提前争取公安机关的配合，保证学校正常的教育、教学秩序。

在家长走向理智后，学校要慧眼寻找最佳谈判人，坦诚面对家长，真诚沟通。

61. 让肇事者放下戒心

一、安全囧境：担心受罚，肇事者不承认伤害行为

如果学生伤害事故是由同学所致，事故善后时，我们常碰到这样的情形。

1. 强调伤者的过错

比如，小可同学打伤值日生挨老师批评时，他一点儿也不说自己打伤同学的错误，而是强调："虽然我迟到了，可值日生也迟到了，他在班务日志上只写了我的名字，没写他自己的名字。"

2. 强调客观原因

比如，小力和小龙相向而行时，小力张开双臂向小龙扑过去，小龙被扑倒在地受伤。老师批评小力时，小力反复强调地上很滑，才将小龙扑倒。

3. 断然否定

比如，小智踢足球时，将正在场外散步的小正同学铲倒，致其受伤。面对老师的批评，小智公然撒谎，说是小正要抢他的球，争抢之中，小正不幸倒地受伤。

肇事者为什么会这样呢？

因为他们担心受老师批评，担心要承担伤者的医疗费，担心受学校纪律处分，担心回家后受家长责罚。要扭转局面，办法只有一个 —— 让肇事者放下戒心，坦然面对过错。

二、典型案例

幕后指使之人，终于主动认错

小曹是我教过的2013届学生，他不仅经常寻衅滋事，而且“智商”很高，往往自己不动手，老师很难查出他参与其中的证据。

2011年10月14日（星期五）放学后，我刚回到家就接到保卫科的电话，说我班上的小路同学在学校附近被打伤了，脸被打肿了，鼻子被打出血了。听闻小路伤情较重，我边给学生家长打电话边马不停蹄地返回学校。

“怎么会这样？谁干的？”见到小路后，我迫不及待地问。

小路抽泣着说：“他们有三个人，都背着书包，是我们学校的学生。”

鉴于小路伤情较重，我请家长先带孩子就医，事情的来龙去脉由我调查，并提醒小路随时向我提供线索。当晚，小路打来电话说，他曾因拒绝借钱而招致小曹的威胁。凭着多年的工作经验，我断定，此事极有可能是小曹在幕后操纵。

10月17日（星期一）晚自习时，班上的小刚同学向我反映：“老师，这事我是亲眼所见。上周五，我一出校门就看见小曹和另外三人在校门口树下蹲着，不一会儿，那三人对小路实施了殴打，打完之后，小曹又和他们会合了。”

星期二早上，我没有让小曹上早自习，直接把他请到办公室，把小刚对我说的话重复了一遍，然后问道：“你想想，我为什么对这事知道得这么清楚？”

小曹耸耸肩，故作轻松地说：“我不知道他们之间有什么过节。”

正在这时，小路家长给我打来电话，我决定好好利用一下这次通话。“家长你好，孩子投了保险吧？”……“哦，那就好，既有合作医疗，又有商业保险，这下，小路的治疗费可以100％报销啦。”

放下电话，我继续说：“为什么学校要开除违纪的学生？那是因为他们没有认识到自己的错误。只要你诚恳认错，学校就不会开除你，同学们也是欢迎你的。”

经过一个早上的沟通，小曹彻底放下了包袱——承担医疗费、承受纪律处分、承受“出卖朋友”骂名的包袱，如实坦白了事情的全部经过，主动申请了纪律处分。

这是一个让施暴学生解除戒心、交代事实、承认过错的成功案例。

三、安全密码：让肇事者放下戒心

面对不承认伤害行为的肇事者，我们要想办法让其放下包袱，放下戒心，道出实情，说出实话，从而维护受伤学生的合法权益，维护校园的公平正义。

1. 让学生理解老师的用心

要让学生明白，老师调查、处理他的错误，绝不是有意和他过不去，恰好相反，是为了助他一臂之力，是为了让他学会做人、学会处世、学会交友、学会取舍、学会面对错误、学会面对失败。

2. 诱导违纪学生说真话

面对狡辩、面对矢口否认，我们不可一味地说教，而要机智灵活地引导学生承认事实、认清是非、接受教育。

比如，学生幕后操纵别人勒索钱财，东窗事发，拒不承认，怎么办？

一是威慑式诱导——“勒索的人已经把事实写得清清楚楚，就算你这个幕后指使者不说，也可以零口供确认，但你说了，性质就不一样了，可以算你主动交代，我们可以不惊动派出所，不以社会治安案件论处”。

二是套近乎式诱导——“这种傻事，我上学时也干过，但是，真的一点儿意思也没有，这可是违法的事，是可以判刑的。现在你也做了这种傻事，我希望它成为你痛苦的回忆，从此你永不再犯。虽然你干的事已经证据确凿，但我希望你能主动承认，争取从轻处理”。

3. 让违纪学生解除顾虑

担心被家长严厉批评的，我们可以把家长请到学校来，让他们当着学生的面回忆读书时的违纪经历，解除学生的戒备心理。

担心受到纪律处分的，我们可以承诺：如果主动承认，可减轻纪律处分；若抗拒不说，会加重处分。

担心连累家长承担经济责任的，我们可以让他明白：伤者的治疗费，有保险公司担着呢。

总之，学生担心什么，我们便要想办法让他放下什么。如此，学生的戒备心才会解除。

62. 投保校方责任险

一、安全囧境：面对经济赔偿，学校无能为力

经济赔偿往往是学生伤害事故善后事宜的矛盾焦点。

家长找学校领导大吵大闹，或约上亲戚到教育局请愿，或到法院起诉学校和老师，或扛着被子到政府大楼前上访（扛着被子是为了给政府施加压力，意为你不给我解决，我就在政府大门口过夜了），或扬言要到北京去上访，或扬言要殴打校长和老师。究其原因，是学校提供的经济补偿（或赔偿）让家长不满意。

可是，学校，尤其是公办学校，是公益性事业单位，是非营利性单位，哪有钱赔偿呢？

于是，矛盾就产生了，当学校无法拿出更多的钱来补偿（赔偿）学生家长时，便会发生家长闹事、上诉、上访事件。

二、典型案例

校方未投保，学生家长却要两份赔偿

2015 年 12 月 23 日（星期三），天气晴朗，积雪渐渐融化。下午课外活动时，某校 803 班的宁某和夏某相约来到乒乓球场打乒乓球。两人你推我挡，好不快活。突然，宁某侧身抽球时，脚下一滑，摔倒在地。慌忙中，他两手撑向地面。只听“啊——”的一声惨叫，宁某的右手腕部骨折了。

宁某住院治疗 12 天，用去医药费 8 千多元。医生建议他休息 3 个月。

因为受伤的是右手，完全不能写字，宁某只得休学。

宁某出院后，家长开始找学校协商经济赔偿，但没有达成共识。学校认为，校方管理并无不妥，不应当承担责任，且学校已为学生集中办理了人身意外险，其医疗费、家长误工费等已得到了保险公司的全额赔偿。

协商不成，宁某的家长聘请了一名律师，委托其代为处理此事。律师在分析案情时发现，事发当日，虽然天气晴好，但操场上的雪并未完全融化，稍不注意就会打滑。学校未尽到提醒学生小心防滑的义务，更没有组织人员彻底清除操场上的积雪，这才导致宁某受伤，学校应当为宁某受伤承担赔偿责任。校方称已为学生集中办理人身意外险，事实上，保费是学生缴纳的，受益人是学生本人，学校只是集中办理而已。若是校方出钱投了校方责任险，校方责任就会由保险公司承担。

综上所述，学校不应当承担责任的主张是不能成立的。

最终，法院判决学校赔付宁某经济损失 4 万元。

宁某受伤得到了两份赔偿：一份是学校的过错赔偿，一份是保险公司的赔偿。

这是一个学校有过错，给予学生经济赔偿的典型案例。

要规避此类风险，一是加强管理，把各项工作做到位，消除由学校过错引发的安全事故；二是每年都投保校方责任险，转移自己的经济赔偿负担。

三、安全密码：投保校方责任险

当今社会，保险业越来越发达，我们可以利用保险来控制学校的经济赔偿风险。

据湖北省学校后勤工作办公室负责人介绍：2008 年以来，湖北省每年都通过招标，确定几家保险公司承保校方责任险。学校单次事故赔偿限额为 500 万元，学生单次事故赔偿限额为 40 万元。

从 2008 年到 2015 年，湖北省全省校方责任险赔付案件达 30192 起，赔偿金额达 1.48 亿元。单是 2015 年一年，就发生了 4445 起校方责任险赔付案件。

这些数据充分表明，学校投保校方责任险是控制学校经济赔偿风险的有效办法。

具体做法如下。

1. 学校主动投保校方责任险

现在，针对校园安全风险的保险产品越来越多，甚至得到了各级政府的支持。学校投保可在很大程度上化解学生伤害事故的经济赔偿风险。

需要强调的是，学校不得截留校方责任险的赔付款。这虽是赔付给学校的，但学校应该立即转付给学生。表面上好像学生是受益者，但归根结底，学校才是真正的受益者。学校如若截留，则非常不妥。

2. 学校提倡和鼓励监护人自愿为学生购买意外伤害保险

每学期开学之初，学校和班主任应动员学生自愿投保，鼓励他们参加新型农村合作医疗或者城镇居民基本医疗保险。一旦发生学生伤害事故，保险公司能在一定程度上缓解受伤学生经济上的困难。这样，家校在经济上的矛盾就会得到缓和，学生伤害事故的处理就会容易得多。

当然，需要注意的是，学校、老师不能代替保险公司收取保险费，更不得从中收取任何费用。

发生学生伤害事故后，学校应为学生的意外伤害赔付提供帮助，如出具证明、打电话联系保险公司工作人员等。

63. 警、校、家三方联动

一、安全囧境：学生离校、离家出走

学生离校、离家出走，是校园管理中常见的安全事故。

比如，2011 年 11 月 29 日，某校初一学生小言违纪被批评后，离校出走。半个月后，其尸体出现在武广高铁附近的河滩边，检查发现，他已死亡多日。

又如，2013 年 3 月 6 日，浙江省台州市椒江二中在校女生吴某离校出走，6 天后，其尸首出现在葭沚街道后许村的一条河道里，警方经过尸检排除了他杀。

这些案例显示，一旦学生离校、离家出走，若不能及时找到，因缺乏必要的生存能力和自我保护能力，就极有可能死亡。

二、典型案例

警校联动，千里追踪出走学生

某校高三学生小艳，2009 年 5 月 10 日下午上学（住读制学校学生是周日下午上学，到学校晚餐后上晚自习）后，又离开学校出走了。班主任及时联系家长，告知情况。

家长得知孩子进了校园又离校出走，非常激动，立马来到学校，找学校要人。好不容易，老师才把家长的情绪稳定下来，一起商量寻找孩子的事……

第二天早上，学校报警，请公安机关协助寻找。公安机关调取当地公路客运录像，发现孩子上了去往广东的客车。

另据小艳的同学反映，她上周放假时说过，她不想读书了，她在网上结识了一个潮州网友，网友已为她找了一份超市的工作。

了解到这些情况后，公安机关派干警连夜行动，带着小艳的班主任和家长赶往潮州。

第四天，在潮州公安机关的帮助下，于中午12点10分侦察到孩子的手机信息，实施精确定位，顺利找到了正在超市商谈工作报酬的小艳。

这是一个警、校、家联动，成功找回出走学生的案例。

能找回孩子，固然值得庆幸，但警方介入是在第二天早上，应该反思。

这个案例给我们的启迪是，一旦确认孩子离校出走属实，要马上寻求警方支援，并安排专人和警方保持联系，争取让警方尽快介入。

三、安全密码：警、校、家三方联动

1. 建立警、校、家三方联动的工作机制

一是聘请法制副校长。即借鉴香港中小学的经验，聘请法制副校长和治安联络员，设立法制副校长工作室，定期在校开展安全教育活动。

二是邀请公安人员迅速介入事故善后工作。为此，学校应主动牵头，建立警、校、家三方联动机制，一旦发生学生出走事件，立即启动这一机制，请公安人员立即介入。

2. 让找寻工作有的放矢

①及时排查学生出走的原因、出走时的详细情况，比如，带了几件衣服、带了多少钱、和哪个同学谈起过出走一事、和哪个同学有矛盾，等等。

②迅速准确地掌握学生的通信方式，如手机号码、QQ号码、游戏注册账号等。

3. 主动预防学生出走

①心理分析认为，老师、家长自以为是的心态，是学生出走的重要原因。老师、家长总认为自己是对的，是为了孩子好，且坚持己见。作为师长，我们应常怀自以为“非”的心理，多做自我反省，促进师生和谐、家庭温馨。

②让学生感受到学校和家的温暖。老师、家长要多找学习以外的话题和学生交流，关心学生的心理，解除学生的困惑，让学生真切感受到学校生活和家庭生活是温馨的。

③关注学生的思想动态。高度重视学生在日常生活中出现的不正常言行，比如，“我不想读书了”“反正我的成绩差，将来肯定考不上大学，不如出门打工挣钱”“你们天天批评我，不让我玩游戏，我偏偏要到网吧去玩上几个通宵”……一旦发现类似的言论，应马上给予正确引导，防患于未然。

64. 优化善后程序

一、安全囧境：善后措施失当

虽然学生伤害事故屡屡发生，但具体到每一位老师，却极少遇见。因此，多数老师都缺乏善后经验。

实际工作中，善后措施失当的情形屡见不鲜。比如，学生受伤后，老师急着给领导和家长打电话，却未及时拨打120，延误了学生的治疗；学生伤情严重，家长情绪激动，要追究学校的责任，老师据理力争，说自己没有责任，双方发生激烈争吵，最后，家长将老师打伤……

二、典型案例

善后措施失当，学生病情恶化

2007年4月12日（星期四）英语早读，某校高二(3)班班主任施老师发现小静同学的裙子特短，便走到小静跟前，小声说："裙子咋这么短？马上回寝室换……"第二节课时，她发现小静的衣着依然如故，气不打一处来："你看你，哪像高中生？简直像个妓女……"随即安排两名女生陪小静回寝室换上了校服。

第三节语文课上，小静突然哭了起来。语文老师忙安排课代表陪小静去外面散步，安排班长去找班主任。小静一见到班主任，马上就不哭了，说道："对不起，我马上去上课！"然而，不到5分钟，又哭了起来，如此反复。

于是，施老师请来了家长，称小静表现异常，请家长带回家调养。两天后，小静的状况明显好转，又返校上学。可一到课堂上，她突然哭起来的异常情况再次出现。家长把小静带到医院，医生的诊断结果是轻度精神失常。

得到诊断结果后，家长开始查找原因，开始找学校讨要说法。

学校高度重视，校长对事件的善后工作提出了具体要求：一定要取得家长的谅解。

当家长向施老师求证时，施老师并未否认，但是，她没有关注小静的治疗情况。她对家长说，小静的穿着实在不雅，她提醒无效，情急之下才出现口误。家长又去找德育副校长，德育副校长商老师说，施老师的话确实不妥，但身为班主任，她实在是没办法才说了这句话。作为家长，你应该懂的！

家长无言以对，没办法，只好把小静带回家休养……休养期间，家长常责备女儿不懂事……很快，半年过去了，小静的病情不但没有好转，反而越来越重。

春节时，一个远房亲戚来到小静家，了解了事情经过之后，连称“不妥”，建议赶紧带小静到专门的医院治疗，并向学校要求经济赔偿。

随后，小静在母亲的陪同下住进了湖北省精神卫生中心。父亲则在这位亲戚的帮助下向当地政府申诉，向学校索赔。

家校双方经过长达三个月的激烈争吵和协商，最终达成协议，学校给予小静20万元的经济补偿。

此后，小静没有再上学，出院后，一直在家里休养。

这是一起因善后措施不当引发学生病情加重的校园安全事故。

虽然学校高度重视事件的善后工作，但校长只强调要取得家长的谅解，并未承担自己的责任。家长找老师求证、找德育副校长理论时，老师承认说过不妥的话，德育副校长也承认老师的话不妥，但他们丝毫没有谈及学生的治疗问题，没有主动采取措施对学生进行治疗，也没有协助家长救治孩子。学校的善后措施极为不当。

三、安全密码：优化善后程序

如果善后措施失当，势必会导致学生伤情或病情加重，双方矛盾升级。因此，发生学生伤害事故后，我们要优化善后程序。

学生伤害事故善后程序应由学校根据相关规定统一制定，写入安全事故应急预案，一旦发生学生伤害事故，立即启动相关程序。

1. 抓紧时间救治学生

2002 年出台的《学生伤害事故处理办法》第十五条规定："发生学生伤害事故，学校应当及时救助受伤害学生。"这是学校必须履行的法定义务，至于医疗费，学校应先行垫支。在抢救过程中，学校要派专人在场，了解情况，帮助看护，以免出现不测。这是事故首遇责任人和随后赶到的工作人员的首要任务。

2. 报告领导和家长

发现学生受到伤害时，相关老师和工作人员在紧急救治、拨打 120 的同时，要迅速向领导报告，并将相关情况告知家长。

以上两步，是首遇责任人、班主任、直接责任人必须做的。做好了，可为后续工作赢得主动权。

3. 逐层向上级行政部门和政府部门报告

这是由学校领导实施的善后措施。学校领导接到报告后，应紧急前往现场，视情节轻重和伤势轻重决定是否需要向上级报告。一般而言，学生个体受重伤，或多人受伤，都应逐层上报。

4. 向公安、司法机关求援

若事故后果严重，应申请派出所等相关部门到学校来保护现场，并力邀法制副校长到现场协助善后工作。

5. 防止事态恶化

若学生伤害事故的起因是师生矛盾或生生矛盾，为防止矛盾激化，应避免直接责任人和伤者亲属见面，应派专人参与善后工作。

6. 家校协商解决（或双方家长协商解决）

若事故涉及学校的责任，家长势必会向学校索赔。学校要主动与家长协商，但不要有“花钱买平安”的思想。

学生伤害事故的善后工作，多半只到这一步。因为只要学生的伤情不是特别严重，或者虽然伤情较重，但班主任、老师、学校没什么责任，家长往往宁可上访，也不打官司，最终都是协商解决。

7. 申请行政调解

行政调解多发生在家长与家长之间。如果学生受伤涉及学生之间的矛盾，或涉及经济赔偿问题，且通过协商无法达成一致意见，那么，矛盾双方可一起向有关部门申请行政调解。

8. 诉讼

如果行政调解依然不能达成一致意见，任何一方都可以向法院提起诉讼，寻求司法解决。

9. 总结

事情处理结束后，学校应及时总结经验教训，改进工作方法，优化工作措施。

借鉴别人的安全经
——部分国家和地区的校园安全管理经验

安全模式

VI

安全模式没有最好，安全措施的优化没有止境。

请开启第六种校园安全模式——借鉴别人的安全经。

“他山之石，可以攻玉。”借鉴、学习其他国家和地区的校园安全管理经验，可以帮助我们创新安全工作思路、完善安全工作机制、夯实安全管理过程、优化安全工作绩效。

美国：对校园暴力实行“不宽容原则”

据 2016 年 2 月 17 日美国《洛杉矶时报》消息，中国留学生在美凌虐女同学被判 6 ～ 13 年监禁。这起事件发生于 2015 年 3 月，乃因早恋争风吃醋所致。年仅 18 岁的中国留学生非法绑架并用残忍手段折磨女同学，导致其严重受伤。

当日，南加州洛杉矶波莫那高等法院对其中三名犯罪嫌疑人做出以下判决：翟云瑶因绑架罪、严重人身伤害、攻击罪获刑 13 年。杨雨涵因绑架罪、攻击罪、使用暴力工具攻击罪获刑 10 年。章鑫磊因绑架罪、攻击罪获刑 6 年。

长期以来，为了有效遏制校园暴力事件，美国始终遵循不宽容原则，即使很小的违法行为也会受到相应处罚。

为了将不宽容原则落到实处，美国在治理校园暴力方面采取了以下措施。

1. 健全校园安全法规

在美国，涉及校园安全的政策法规很多，如“美国校园安全守卫法令”“校园禁枪法”“改善校园环境法”，等等，内容详尽，涵盖面广。

这些法规大多以宪法、州法、法令、官方政策声明、行政条文等形式出现。学校则因地制宜，因校制宜，采取强制措施维护校园安全，应对校园暴力。

2. 设立校园警察

这是一条防患于未然的绝妙措施。

早在 20 世纪 60 年代，美国就建立了校园警察制度。校园警察与社会警察一样，可以携带枪支，拘捕犯人。

在美国，要进入学校，必须先登记。外来人员，如家长、志愿者等，在学校活动的时候必须佩戴标示其身份的标志。

3. 实行校园安全年度报告制度

美国有一部《不让一个孩子掉队法案》，明文规定了“校园安全年度报告制度”。它要求各学区对校园暴力事件进行详细统计，并公之于众。该法案还规定，每个州必须对长期处于危险境地的学校做出说明和认定，保证学生的知情权。

美国还有一部《珍妮·克雷莉法》，要求各州公立学校和大学要发布校园犯罪年度资料，如果相关学校违反规定，将面临联邦教育部至少27500美元的罚款以及相应的处罚措施。

4. 严惩校园暴力

美国严惩校园违法行为，即使是未成年人违法，也绝不姑息。如果校园施暴者未满十八岁，法院会警告学生，欺凌是不被容忍的。如果施暴后果严重且施暴者有前科，即便施暴者未满十八岁，也会被当作成年人来审理、定罪、量刑。

美国法律还规定，围观也是犯罪，“帮凶”可与杀人者同罪。

5. 降低校园暴力认定标准

美国联邦政府和地方政府不仅把动手打人、吐口水、故意推搡、拍裸照等规定为校园欺凌行为，还把言语辱骂，口头威胁，在公众场合故意嘲笑他人残障、种族、性别、宗教信仰等认定为校园暴力。法律还规定，在社交媒体和网络中辱骂、攻击同学或披露同学的隐私，也构成校园欺凌，通常称为网络霸凌。

6. 强化父母的管教责任

如果发生欺凌同学的事件，学校会立即通知家长来校参加专门的主题家长会。如果未成年人因校园欺凌行为被起诉，父母要一起进入司法程序。

如果法院认定孩子的违法行为与父母的不法行为（如吸毒、酗酒）有关，就有权把孩子的监护权转移给寄养家庭。

如果家长对孩子的管教不当，法院会要求父母上训导课程，学习如何合法地管教子女……

7.“关锁保护法”

这是应对枪匪袭击校园的方法。专家认为，枪匪来袭时，重要的是降低进入枪匪视线的概率。“关锁保护法”要求尽量锁住教室门，关好窗户，用厚纸挡住教室门上的小玻璃，保持教室黑暗，让歹徒误认为里面没有人。不要刺激歹徒杀回马枪。老师要在可能的情况下用手机与外界保持联系。

（来源：《留美中国学生虐待同胞案宣判 被判 6 到 13 年监禁》，中国新闻网 2016 年 2 月 18 日；李成旺《中美校园安全立法与警务运用比较研究》，《现代交际》2011 年第 4 期；《各国应对校园暴力有奇招》，网易 2010 年 5 月 17 日；《各国如何应对“校园霸凌”》，《南方教育时报》2016 年 12 月 16 日；《校园欺凌非中国独有 美国防“小黑社会”有高招》，搜狐 2015 年 6 月 24 日）

英国：建立三级应急机制

1. 建立三级应急机制

三级应急机制包括普通事故应急小组、重大事故应急小组、特大事故应急团队。

普通事故应急小组，指事故现场的处理人员。工作职责是对事故地点、时间、影响等进行初步评判，及时联络学校应急机构，疏散现场人群，设立警戒线等。若事件升级，则将处理权移交给重大事故应急小组。

重大事故应急小组，由学校行政副职负责，由各职能部门（人力资源、学生服务中心、房地产、通信、安全、商务、财务和行政事务主管的高级助理等）资深代表组成。工作职责是对事故的规模、影响进行评估，制定学校层面的应对措施，调动校内应急资源，与相关校外机构联络，成立紧急呼叫中心，主动联系媒体对外发布相关信息。

特大事故应急团队，由校长、副校长、行政主管、财务主管、发展战略部门主管等组成。主要职责是维护学校的声誉，制订业务恢复中长期计划，安置受事故影响的人员，监管事故涉及的财务等。

2. 建立儿童信托伙伴关系

政府要求各个相关部门结成儿童信托伙伴关系，即要求儿童中心、幼托机构、儿童社会工作服务部门、小学、儿童与青少年精神健康服务部门、警察部门、消防部门、建筑质量控制机构、保险公司、设备供应商和维修商、社区代表等结成伙伴关系，分工协作，从不同的角度维护校园安全和学生安全。

3. 建立透明的沟通机制

英国教育部规定，为应对突如其来的安全事故，学校要有所有学生家长的联系方式，并且定期核查更新。学校应该让家长知道，一旦危机袭来，学校一定会联系他们，告知他们详情。

发生安全危机时要树立良好的媒体形象，学校要指定特定人员与媒体沟通，开通媒体问询的专用电话，并让当地媒体提前知道这一电话，适时通报情况。

4. 学校志愿者应有 5 年以上无犯罪记录

英国的法律规定，所有从事与青少年、儿童有关的活动的志愿者，必须出具 5 年以上无犯罪记录证明，以确保孩子身心安全。

5. 老师对学生不能有过于亲密的举动

在英国，老师不可以与学生有过度亲密的举动，不可以亲吻他们，也不可以过于主动地拥抱他们。男性老师与女学生交谈必须选择在校园公共场所，或者有女性老师在场。这样，可以避免老师对学生性侵。

6. 实行机场式安全措施

在英国，政府要求警方在学校里装备金属探测器，执行机场式安全检测。政府还规定，幼儿首次申请入学时，家长必须签字同意孩子接受金属探测和搜身等严格的安全检查。

（来源：姜正旺《英国如何规范处理校园紧急事件》，《中国教育报》2015 年 12 月 23 日；徐志勇《英国校园安全管理的特点及其对我国的启示》，《外国中小学教育》2012 年第 4 期）

日本：维护儿童安全，全民行动

在日本，重大学生伤害事件时有发生。比如，2001 年 6 月 8 日，日本大阪教育大学附属池田小学发生一起歹徒持刀闯进校园，杀死 8 名儿童、刺伤 15 名儿童及教师的严重案件。这些恶性事件促使日本社会反省校园安全管理的漏洞，形成了“维护校园安全人人有责”的良好氛围。日本各地方政府会同教育部门、警务部门采取了很多防护措施。

1. 设立儿童报警 110 联络处

山口县警察署在街边的店铺里设置了一万多处儿童报警 110 联络处，使儿童在遇到紧急情况时，能够进入店内寻求庇护并拨打报警电话。同时，警察署在学校、幼儿园等少年、儿童集中的地方，挂牌设置警察看护所，禁止校外人员进入校园。

2. 设置“防范教室”

这是山口县田代小学首创的一种对学生进行安全教育的方法：学生在遇到可疑人员时应采用“五句话自我保护措施”，即“不跟着走”“不坐可疑车”“放大嗓门儿”“迅速跑开”“告诉大人”。

3. 走向封闭式管理

长期以来，日本校园是面向当地社区开放的场所，一些重要的社区公共活动，如参众两院大选的投票活动等都在学校举行。但近年来，随着校园凶杀事件的增多，日本学校不得不更加注重校园安全，开始走向封闭式管理。

4. 利用书包报警

日本有一种书包手机，在遇到紧急情况时，用力拉挂链，手机警铃便会响起，同时把自己的位置发送到事先指定的设备（如父母亲的手机）上。这样，家长就可以随时了解孩子的位置，掌握孩子的行踪。还有一种带GPS定位器的学生书包，在日本也大受欢迎。

专家们还提醒，学生要经常携带警报器、哨子等，并且要放在手边，以备不时之需。

（来源：刘敏、姜晓燕、金东贤、王小飞《国外如何建造校园安全城堡》，《中国减灾》2010年第7期；牛志奎《从诉讼案例看日本学校事故责任的归责原则——池田小学外来伤害事件》，《外国教育研究》2012年第5期）

俄罗斯：校园安全拨款6年增加13倍

2004 年 9 月 1 日，恐怖分子劫持了俄罗斯别斯兰市第一中学的学生、老师以及前来参加新学年开学典礼的家长，并与闻讯赶来的警方展开对峙。直到 9 月 3 日，反恐行动展开后，匪徒们被消灭，人质方才获救。在本次恐怖袭击事件中，共有 333 人死亡，其中包括 180 多名未成年人。

这一事件发生后，俄罗斯前所未有地重视起校园安全。到 2010 年，6 年间，政府用于学校安全的拨款从 12 亿卢布增加到 170 亿卢布，增加了 13 倍之多。同时，采取了大量行之有效的安全管理措施。

1. 为中小学生配置身份登记卡

俄罗斯政府为广大中小学生配置了身份登记卡，上面记录着学生的身份和基本医疗信息，同时还有一些指导学生如何应对洪水、火灾、交通事故以及恐怖袭击的知识。

2. 增加警力

俄罗斯联邦内务部下令调整警力分布，使警察巡逻路线尽量靠近学校。政府在学校设置有正式编制的未成年人事务巡视员职务。政府为学校配备紧急寻呼设备，并将该设备直接连接俄罗斯联邦紧急事务部。如学校发生险情，联邦紧急事务部将立即接收到相关信息并采取相应措施。

3. 设置负责内部安全的副校长一职

负责内部安全的副校长全面负责学校安全工作，负责组织实施各项安全工作措施。

学校实行严格的安全检查过关制度。2004 年到 2010 年，有 1500 所学校因为安全检查不过关而未被允许按期开学。

（来源：刘敏、姜晓燕、金东贤、王小飞《国外如何建造校园安全城堡》，《中国减灾》2010 年第 7 期；刘敏、姜晓燕、金东贤、李协京、王小飞《看看法、美、韩、日、俄的校园安全措施》，《中国教育报》）

韩国：划定儿童保护区域

据韩国教育部统计，近年来，韩国的校园暴力事件呈上升趋势，2009年有1570件，2015年增加到约5000件。同时，网络暴力事件急剧增加，2015年韩国共发生1462起校园网络暴力事件。韩国《今日亚洲》曾报道，有27.7%的韩国青少年曾遭受过校园网络暴力。

为此，韩国政府将校园安全管理提升到国家责任的高度。

1. 划定儿童保护区域

韩国的幼儿园、小学和特殊学校等校园主要出入口半径300米以内的道路区域是政府划定的儿童交通安全保护区域。在保护区域内违反交通法规者将加重处罚。

为了防止学校周边的小卖部、小吃部向儿童销售不卫生食品和劣质产品，韩国将中小学周边直线距离200米范围划定为儿童食品安全保护区域。

2. 将学校安全事故界定为国家责任

2007年颁布的《关于学校安全事故预防及补偿的法律》规定，把学校安全事故的预防和补偿列为公共保险范围，建构实质上的学校安全网络。补偿范围不仅包括学校内的安全事故，也包括上学和放学途中发生的交通安全事故、人身伤害事故和饮食安全事故等。

3. 邀请家长担任校园及周边安全志愿者

小学、幼儿园邀请家长担任校园及周边安全志愿者，由他们轮流当值，四处巡逻。遇到不安全交通行为，及时劝止，有效维护校园及周边的交通安全。

（来源：刘敏、姜晓燕、金东贤、王小飞《国外如何建造校园安全城堡》，《中国减灾》2010 年第 7 期；成硕《韩国校园暴力呈网络化，近三成青少年曾遭受其害》，人民网 2016 年 7 月 26 日）

德国：在公交车里上安全课

在公交车里上安全课的做法最早源自德国石荷州。那时，当地公交车上的不文明现象非常严重，交通事故不断上升。当地政府认为，乘车人的素质关乎石荷州的文明程度，必须重视，并切实抓好。

于是，石荷州交通部门和教育部门通力合作，于 1993 年共同办起了“公交学校”。不久，德国各地纷纷效仿，均建立起类似的安全教育机构。

所有四到六年级的学生都必须参加培训学习，一到三年级的学生可自愿报名参加。

“公交学校”的课程包括知识学习和实地训练两个部分。

知识学习，即由专门的教师给学生讲解交通规则，帮助他们认识各种交通标志，并引导他们学习乘车礼仪。

实地训练，包括车下训练和车上训练两个方面。

车下训练的内容包括：指导学生正确过马路、及时而准确地看时刻表、有序排队上车；讲解拥挤可能导致的后果，如引发踩踏事件；让学生体验不同程度的拥挤，体验拥挤冲撞带来的焦躁感。

车上训练的内容包括：指导学生有序买票，不逃票，主动出示学生证；告诫学生上车后不要堵在车门口，要往里面走；提醒学生不要占用其他座位，要把书包放在膝盖上（或座位下）；教会学生正确应对事故，事故发生后，要保持冷静，不要互相推搡，在司机的指导下适时使用救生设备，如果车门打不开，要等大人用安全锤打破车窗后，有序逃离。

培训结束后，“公交学校”还会组织考核，合格者才可获得结业证书。

（来源：青木《德国　把安全课搬上公交车》，龙源文库）

法国：政府向校园暴力宣战

据法国《费加罗报》报道，2012 至 2013 学年度，法国初、高中共发生了 5.4 万起严重暴力事件。其中，初中校园暴力事件占比 70%，专业高中校园暴力事件占比 16%，普通高中、技术高中、综合高中校园暴力事件占比 14%。

法国教育部非常重视校园暴力的治理，2010 年 4 月 7 日至 8 日，教育部在索邦大学就学校安全问题召开大会，向校园暴力宣战，其主要措施如下。

1. 总统宣示决心

2011 年 5 月 7 日，法国总统萨科齐在爱丽舍宫发表演说，强调了政府整治校园暴力的决心。

2. 适时监测校园暴力

利用专门的软件对校园暴力进行监测，其统计的项目非常细致，包括在校园内丢石块等具有暴力倾向的行为共 26 项指标。监测结果每学期公布一次。

3. 成立校园安全机动小组

各学区区长下设安全顾问，组建安全机动小组。小组由 10 ～ 50 人构成，其中既有教育界的代表，如校长、教师，也有内务部雇用的安全专家，如防爆人员、调解员、退休警察或宪兵等。

4. 强化家庭的责任

不承担教育责任的家长，可能会受到取消社会补助的惩罚。

（来源：刘敏、姜晓燕、金东贤、王小飞《国外如何建造校园安全城堡》，《中国减灾》2010年第7期；《法国教育部：校园暴力情况复杂　毒品使用比例上升！》，搜狐2017年5月13日）

芬兰：虚拟社区警务组为学生的上网安全护航

2008 年，芬兰警方正式成立虚拟社区警务组（即网络警察）。网络警察通过社交媒体与网民建立联系，防范网络犯罪活动。

目前，芬兰共有 44 名专业网络警察。

马尔科·福尔斯是芬兰第一个网络警察，他是虚拟社区警务组的倡导者和发起人。他说，2013 年警方共收到报案电子邮件 3200 封，共收到“脸书”报案 5700 个，其中近一半涉及儿童。首都赫尔辛基的警察曾对其中 300 多个案件进行立案调查，共发出 140 多个虚拟警告。实践证明，虚拟警告具有显著的威慑力。在 95% 的案件中，一个虚拟警告就足以制止网络欺凌，因为和现实社会一样，社交媒体上的人也想避免警方调查。

芬兰儿童保护组织认为，家长在网络欺凌的防范中处于至关重要的地位。网络欺凌事件发生后，第一步是家长和孩子进行诚恳的沟通，这也是整个善后过程中最重要的步骤。

此外，专门的过滤软件也具有显而易见的防护功能，可以起到过滤不良网站、过滤有害内容的作用。芬兰教育部负责指导全国中小学和公共图书馆在电脑系统中安装过滤软件。

（来源：徐谦《芬兰设立“虚拟社区警务组”防范网络欺凌》，新华网 2014 年 12 月 29 日）

新西兰：国家集中管理校车

在新西兰，各级各类学校的校车是由国家集中管理的。

新西兰教育部根据实际情况严格挑选校车管理运营商，广泛征求学校、家长等利益关联者的意见，明确各方责任，提供安全的校车服务。

新西兰的绝大部分校车已被纳入公共交通系统，除少数私立学校外，其他所有学校的校车都由教育部授权的校车运营商提供服务，相关车辆在学生上、下学期间挂上校车的牌子，按时提供高质量服务。

教育部对校车运营商的车辆现状和司机的驾驶行为有很高的要求，采用“无漏洞”动态管理模式进行监督管理。

“无漏洞”动态管理模式的具体操作步骤如下。

第一，测量阶段。主要工作包括对校车的事故、车辆投诉与被表扬情况的调查等，每天例行巡查车辆的执行情况、侵权表现、油耗成本等。

第二，决策阶段。主要工作是研究怎样降低事故发生率、怎样减少学生及家长的投诉、怎样降低燃油消耗和运营成本等。通过研究，制定措施，控制漏洞。

第三，实施阶段。主要工作是根据既定的控制漏洞的措施，对驾驶员进行培训，消除校车内部的危险，维修保养校车等。

经过这三个阶段的严格把关，力求真正做到“无漏洞”管理。

（来源：高桂霞、王国辉《新西兰校车管理资助政策及安全保障措施》，《世界教育信息》2014 年第 13 期）

中国香港地区：性安全教育从老师开始

早在 1971 年，香港教育署便制订了中小学性教育计划；1986 年，香港教育署组织专家编写《学校性教育指引》，分发给全港每个中学生；1996 年，香港再次修订中小学性教育计划，把学前儿童、小学生、初中生、高中生都纳为性教育对象。

在香港地区，学校性教育的最大特点是把性教育内容融进各学科教学中，比如中学的社会教育课、宗教或伦理教育课、生物课、综合课及家政课和常识课等。也就是说，香港的性教育并不是一门独立的教育学科。这样做是为了不增加学生的学业负担。

从 1994 年起，香港教育署每年为中学教师举办专门的性教育课程培训，该培训为期 3 天，共 18 小时。

培训的主要内容有性基础知识和性研讨会两部分：教育部门邀请专业医生、心理学家和社会工作者为中学教师讲授性基础知识，讲授性病（尤其是艾滋病）、避孕、性侵犯等相关知识；组织参训教师就青春期、恋爱、性与婚姻、负责任的性态度与价值观、同性恋、性与传媒等问题展开讨论，探索相关的教学方法，交流彼此的教学经验。

从 1996 年起，这项培训活动改为每年每期 2 天，共 13 小时。

（来源：王生智《性教育在香港》）